일본어
문형 N2

저자 JLPT 연구모임

시사일본어사

머리말

일본어를 학습하다 보면 단어의 뜻과 문법을 알고 있어도 전체적인 의미나 뉘앙스를 파악하기 힘들 때가 있습니다. 또, 작문을 해도 어색한 표현이 되거나 오용을 하게 되는 경우가 많습니다. 그래서 단어, 한자, 문법 공부만큼 중요한 것이 바로 '문형' 학습입니다.

예를 들어 '추측 표현'의 경우, 말하는 사람의 주관적인 판단에 의한 것인지 객관적인 근거에 의한 것인지에 따라 사용하는 표현이 달라지며, '가정 표현'도 상황에 따라 어울리는 표현이 각각 있기 때문에 최대한 다양한 예문을 통해 쓰임새를 익혀 두는 것이 좋습니다.

이 책은 일본어능력시험에 대비할 수 있을 뿐 아니라 일상생활에서 자주 쓰는 일본어 표현을 익히는 데에도 유용하게 활용할 수 있도록 구성되어 있습니다.

먼저, 문형의 품사별 접속 방법을 도식화하여 한눈에 파악할 수 있도록 했고, 각 품사가 활용된 대표적인 용례를 제시해 놓았습니다. 아울러 해당 문형과 관련 있는 표현이나 참고해 두면 유용한 표현, 틀리기 쉬운 부분이나 유의해야 할 부분도 해설을 덧붙여 심화 학습이 가능하도록 했습니다.

확인 문제에서는 일본어능력시험(JLPT) 문법 파트에서 출제되는 '문법형식 판단 유형'과 '문장 만들기 유형'의 문제를 수록했습니다. '문법형식 판단 유형'은 문장의 내용에 맞는 문형 표현, 즉 기능어를 찾아서 넣는 문제이고, '문장 만들기 유형'은 나열된 단어를 의미에 맞게 조합하는 문제입니다. 문제를 풀면 시험의 출제 유형을 파악해 둘 수 있을 뿐만 아니라 학습한 문형을 확실히 기억할 수 있는 효과가 있습니다.

최대한 심플하고 직관적으로 구성하되 범용성이 높은 예문을 제시했으니, 일본어에 흥미가 있으시거나 시험을 준비하시는 분들께 조금이나마 도움이 되길 바랍니다.

JLPT 연구모임

책의 구성 및 활용법

- **필수 문형 익히기**
  일본어능력시험에 자주 출제되는 일본어 문형을 선별했습니다.

- **원어민 음성 듣기**
  휴대폰으로 QR코드를 찍으면 원어민 음성을 들을 수 있습니다.

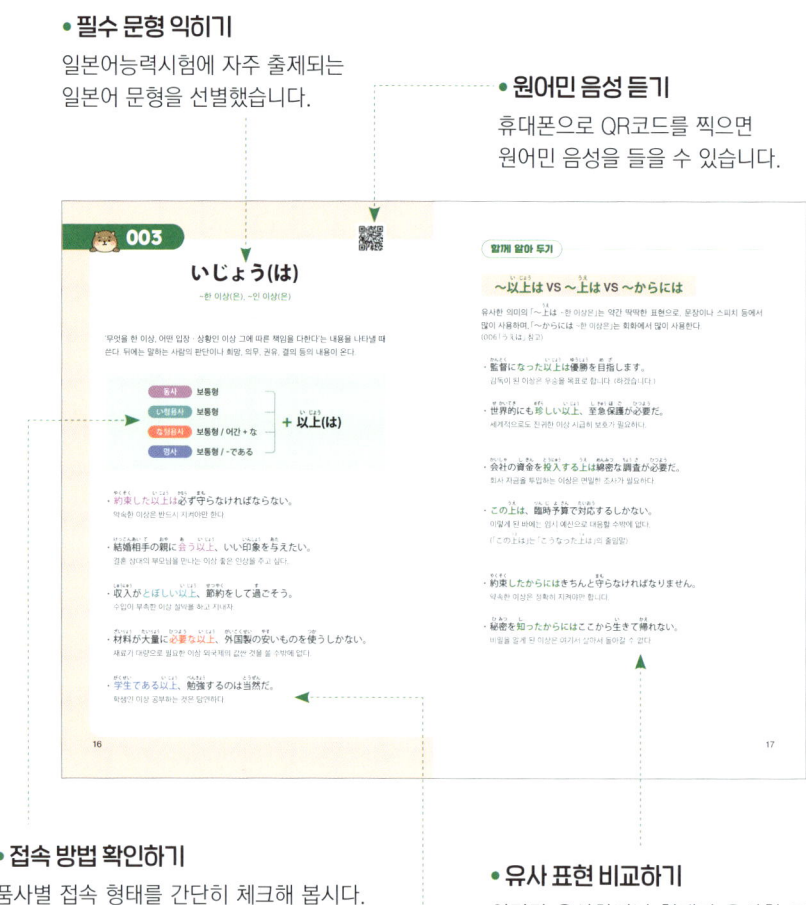

- **접속 방법 확인하기**
  품사별 접속 형태를 간단히 체크해 봅시다. 공식처럼 외우지 말고 제시된 예문을 통해 익히는 것이 좋습니다.

- **유사 표현 비교하기**
  의미가 유사하거나 형태가 유사한 표현을 뽑아 설명과 예문을 추가했습니다.

- **품사별 예문 익히기**
  일상생활에서 바로 활용 가능한 예문들을 수록했습니다. 접속 방법에 표시된 품사별 컬러와 동일하게 구성했습니다.

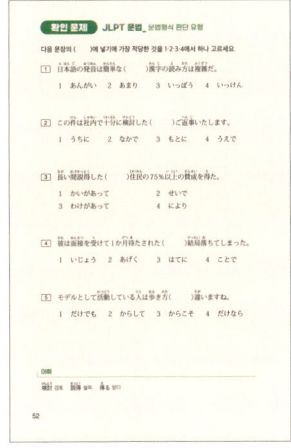
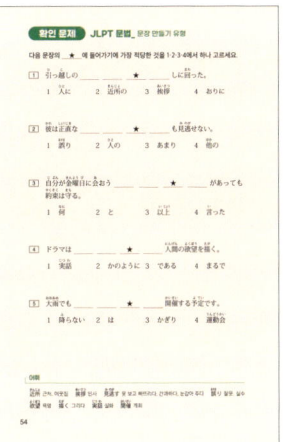

● 문제 풀어 보기

일본어능력시험 문법 파트에서 출제되는 유형과
동일한 문제가 제공됩니다.
문제를 풀면서 실력을 점검해 봅시다.

● 정답 확인하기

교재 뒷부분에 확인 문제의 정답과 해석이 있습니다.
틀린 문제는 다시 한번 해당 문형으로 돌아가 내용을
복습해 봅시다.

일러두기

품사별 접속 형태와 용어를 살펴봅시다.

품사	활용 형태	예
동사	기본형 (=사전형)	書く, 見る, する, 来る
	보통형 (=반말체)	書く, 書かない, 書いた, 書かなかった…
	ます형 (ます 앞부분을 가리킴)	書きます, 見ます, します, 来ます
	ない형 (ない 앞부분을 가리킴)	書かない, 見ない, しない, 来ない
	て형 (-て·で)	書いて, 見て, して, 来て
	た형 (-た·だ)	書いた, 見た, した, 来た
	가정형 (-ば)	書けば, 見れば, すれば, 来れば
	의지형 (-う·よう)	書こう, 見よう, しよう, 来よう
い형용사	기본형 (=사전형)	おいしい, さむい
	보통형 (=반말체)	おいしい, おいしくない, おいしかった, おいしくなかった…
	어간	おいし, さむ
	어간 + く	おいしく, さむく
	부정형 (어간 + くない)	おいしくない, さむくない
	연결형 (어간 + くて)	おいしくて, さむくて
	과거형 (어간 + かった)	おいしかった, さむかった
	가정형 (어간 + ければ)	おいしければ, さむければ

품사	활용 형태	예
な형용사	기본형 (=사전형)	きれいだ, しずかだ
	보통형 (=반말체)	きれいだ, きれいじゃ(では)ない, きれいだった, きれいじゃ(では)なかった…
	어간	きれい, しずか
	부정형 (어간 + じゃ(では)ない)	きれいじゃ(では)ない, しずかじゃ(では)ない
	연결형 (어간 + で)	きれいで, しずかで
	과거형 (어간 + だった)	きれいだった, しずかだった
	가정형 (어간 + なら(ば))	きれいなら(ば), しずかなら(ば)
	어간 + な	きれいな, しずかな
명사	명사	休(やす)み, 学生(がくせい)
	보통형 (=반말체)	休(やす)みだ, 休(やす)みじゃ(では)ない, 休(やす)みだった, 休(やす)みじゃ(では)なかった…
	연결형 (-で)	休(やす)みで, 学生(がくせい)で
	과거형 (-だった)	休(やす)みだった, 学生(がくせい)だった
	가정형 (-ならば, -であれば)	休(やす)みならば, 休(やす)みであれば, 学生(がくせい)ならば, 学生(がくせい)であれば

목차

001	あげく	12
002	あまり	14
003	いじょう(は)	16
004	いっぽう(で)	18
005	うえで	20
006	うえは	22
007	おり(に)	24
008	かい(が)あって	26
009	かぎり(では)	28
010	がたい	30
011	が～だけに	32
012	(か)とおもうと	34
013	かねる	36
014	かのように	38
015	からして	40
016	からといって	42
017	ぎみ	44
018	きり	46
019	きれる	48
020	くせに	50

확인 문제 … 52

021	くらいなら	56
022	げ	58
023	ことだ	60
024	ことだし	62
025	こととなると	64
026	ことなく	66

027	させる（させてしまう）	68
028	ざるをえない	70
029	しだい	72
030	しだいで	74
031	すえ(に)	76
032	ずにはいられない	78
033	だけあって	80
034	っこない	82
035	つつ	84
036	っぱなし	86
037	っぽい	88
038	ていらい	90
039	ている	92
040	てこそ	94

확인 문제 ······ 96

041	てでも	100
042	ては	102
043	てはかなわない	104
044	てほしいものだ	106
045	てまで	108
046	てみせる	110
047	てもさしつかえない	112
048	というか～というか	114
049	というと	116
050	といった	118
051	とか	120
052	どころか	122

9

목차

053	ところだった	124
054	どころではない	126
055	ところをみると	128
056	とともに	130
057	となると	132
058	とは	134
059	とはいうものの	136
060	ないかぎり	138

확인 문제 ... 140

061	ないことには	144
062	ないことはない	146
063	ないではいられない	148
064	ないものか	150
065	ながら	152
066	にあたって	154
067	におうじて	156
068	にかぎって	158
069	にかぎらず	160
070	にかんして	162
071	にこしたことはない	164
072	にこたえて	166
073	にさきだって	168
074	にしても	170
075	にしろ〜にしろ	172
076	にすぎない	174
077	にせよ	176
078	にそって	178

| 079 | にともなって | 180 |
| 080 | にもかかわらず | 182 |

🐹 확인 문제 ············· 184

081	にもとづいて	188
082	ぬく	190
083	のうえで(は)	192
084	のことだから	194
085	のだ	196
086	のもとで	200
087	ばかりか	202
088	はさておき	204
089	はもとより	206
090	までして	208
091	もかまわず	210
092	もしない	212
093	ものだ	214
094	ものなら	216
095	ものの	218
096	ようとしている	220
097	をとわず	222
098	をはじめ(として)	224
099	をめぐって	226
100	んだって	228

🐶 확인 문제 ············· 230

● 확인 문제 정답 및 해석 ············· 234

あげく

~한 끝에, ~끝에

좋은 결과를 거두려고 열심히 노력했으나 결과적으로는 기대했던 성과는커녕 생각지도 못한 부정적인 결과가 왔을 때 쓰는 표현이다.「さんざん 몹시, 아주」등의 부사와 함께 쓰일 때가 많다. 명사의 경우「する」를 붙이면 동사가 되는 동작성 명사와 함께 쓴다.

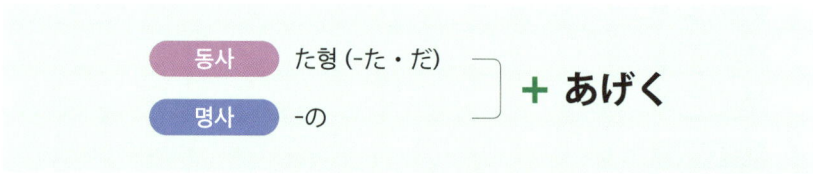

- 一人で悩んだあげく、親に全てを話して謝った。
  혼자서 고민한 끝에 부모님께 모두 말하고 사과했다.

- さんざん迷ったあげく、結局何も買わなかった。
  몹시 망설인 끝에 결국 아무것도 사지 않았다.

- 度重なる延期のあげく、そのイベントは中止になった。
  거듭된 연기 끝에 그 이벤트는 중지가 되었다.

- マラソン交渉のあげく、何も決まらないまま決裂してしまった。
  마라톤 교섭 끝에 아무것도 정해지지 않은 채 결렬되고 말았다.

- 2日間徹夜のあげく、論文は完成したが本人は倒れてしまった。
  이틀 동안 밤샘 끝에 논문은 완성했지만 본인은 쓰러지고 말았다.

함께 알아 두기

～あげく VS ～末(に)

비슷한 의미의 「末(に) ~끝에」는 뒤에 좋은 내용, 나쁜 내용 모두 올 수 있다.
(031 「すえ(に)」 참고)

✗ さんざん議論したあげく、両社は合意に至った。
○ さんざん議論した末に両社は合意に至った。
　실컷 논의한 끝에 양사는 합의에 이르렀다.

○ さんざん議論したあげく、結局合意には至らなかった。
○ さんざん議論した末に、結局合意には至らなかった。
　실컷 논의한 끝에 결국 합의에는 이르지 못했다.

あげくの果てに(は)

「あげくの果てに(は) 결국, 급기야」라는 관용 표현이 있다. 오래 지속된 상태가 결국 유감스러운 결과로 끝날 때, 나쁜 일을 반복한 끝에 가장 나쁜 결과로 끝날 때 사용한다.

・その車は信号を無視して次々と他の車にぶつかり、**あげくの果てに**電柱に衝突して止まった。
　그 차는 신호를 무시하고 잇달아 다른 차에 부딪치다 급기야 전봇대에 충돌하고 멈춰섰다.

・病院を何か所も断られ、**あげくの果てに**家で待機するように言われた。
　병원을 몇 군데나 거절당하고 급기야 집에서 대기하라는 말을 들었다.

あまり

지나치게 ~해서, 너무 ~한 나머지

정도가 심하거나 극단적인 상황으로 인해, 좋지 않은 결과나 일반적이지 않은 상태가 될 때 사용한다. 「悲しみ 슬픔」, 「嬉しさ 기쁨」, 「痛み 아픔」 등과 같이 형용사의 명사형에 연결하는 경우도 많다.

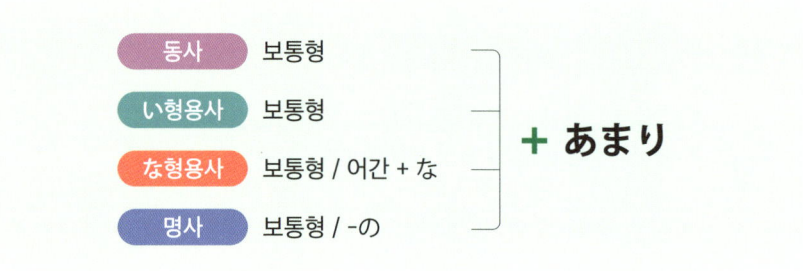

- 彼は一日も休まないで仕事を続けたあまり過労で倒れてしまった。
  그는 하루도 쉬지 않고 일을 계속한 나머지 과로로 쓰러져 버렸다.

- 笑い過ぎたあまり目から涙が出てきました。
  너무 많이 웃어서 눈에서 눈물이 나왔습니다.

- いたずらをした子供は先生が怖いあまり保健室に隠れた。
  장난을 친 아이는 선생님이 무서운 나머지 보건실에 숨었다.

- 奨学金をもらおうと思ったが手続きが複雑なあまり諦めた。
  장학금을 받으려고 했지만 절차가 너무 복잡해서 포기했다.

- 歯医者で虫歯の治療を受けたが痛みのあまり悲鳴を上げた。
  치과에서 충치 치료를 받았지만 너무나 아파서 비명을 질렀다.

> 함께 알아 두기

あまりの + 명사 + に

'너무(지나치게) ~해서', '너무 ~한 나머지'라는 의미로, 이때 명사 자리에는 형용사의 명사형이 들어가는 형태가 많다.

- 子供は怖いあまり目をつぶってしまった。
  아이는 무서운 나머지 눈을 감아 버렸다.

- 映画を見た後、あまりの怖さに席を立てなかった。
  영화를 본 후 너무나 무서워서 자리를 뜰 수 없었다.

- 虫歯が痛いあまり夜になっても寝られなかった。
  충치가 아픈 나머지 밤이 되어도 잠을 잘 수 없었다.

- 骨が折れた時、あまりの痛さに涙が出てきた。
  뼈가 부러졌을 때 너무나 아파서 눈물이 나왔다.

- 合格したことが嬉しいあまり友達に電話をかけ続けた。
  합격한 것이 기쁜 나머지 친구들에게 전화를 계속 걸었다.

- あまりの嬉しさに笑いが止まらなかった。
  너무 기뻐서 웃음이 멈추지 않았다.

- 生活が苦しいあまり悪いことに手を出してしまった。
  생활이 너무 힘든 나머지 나쁜 일에 손을 대고 말았다.

- 初めてマラソンをしたが、苦しさのあまり途中であきらめた。
  처음으로 마라톤을 참가했지만 너무 힘이 들어 중간에 포기했다.

いじょう(は)

~한 이상(은), ~인 이상(은)

'무엇을 한 이상, 어떤 입장·상황인 이상 그에 따른 책임을 다한다'는 내용을 나타낼 때 쓴다. 뒤에는 말하는 사람의 판단이나 희망, 의무, 권유, 결의 등의 내용이 온다.

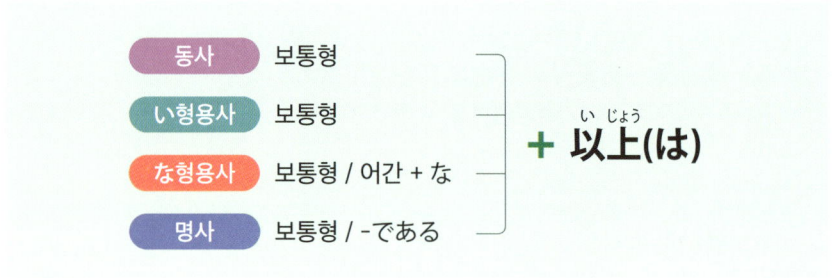

- 約束した以上は必ず守らなければならない。
  약속한 이상은 반드시 지켜야만 한다.

- 結婚相手の親に会う以上、いい印象を与えたい。
  결혼 상대의 부모님을 만나는 이상 좋은 인상을 주고 싶다.

- 収入がとぼしい以上、節約をして過ごそう。
  수입이 부족한 이상 절약을 하고 지내자.

- 材料が大量に必要な以上、外国製の安いものを使うしかない。
  재료가 대량으로 필요한 이상 외국제의 값싼 것을 쓸 수밖에 없다.

- 学生である以上、勉強するのは当然だ。
  학생인 이상 공부하는 것은 당연하다.

> 함께 알아 두기

~以上は VS ~上は VS ~からには

유사한 의미의 「~上は ~한 이상은」는 약간 딱딱한 표현으로, 문장이나 스피치 등에서 많이 사용하며, 「~からには ~한 이상은」는 회화에서 많이 사용한다.
(006 「うえは」 참고)

- 監督になった以上は優勝を目指します。
  감독이 된 이상은 우승을 목표로 합니다. (하겠습니다.)

- 世界的にも珍しい以上、至急保護が必要だ。
  세계적으로도 진귀한 이상 시급히 보호가 필요하다.

- 会社の資金を投入する上は綿密な調査が必要だ。
  회사 자금을 투입하는 이상은 면밀한 조사가 필요하다.

- この上は、臨時予算で対応するしかない。
  이렇게 된 바에는 임시 예산으로 대응할 수밖에 없다.
  (「この上は」는 「こうなった上は」의 줄임말)

- 約束したからにはきちんと守らなければなりません。
  약속한 이상은 정확히 지켜야만 합니다.

- 秘密を知ったからにはここから生きて帰れない。
  비밀을 알게 된 이상은 여기서 살아서 돌아갈 수 없다.

いっぽう(で)

~하는 한편(으로)

어떤 사항의 두 가지 면을 비교할 때, 또는 어떤 상황에서 두 가지 면이 동시에 진행(병행)될 때 사용한다.

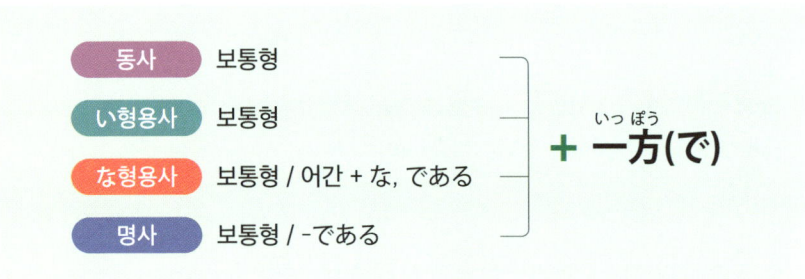

- 彼は俳優として映画に出る一方で、評論家として本を書いている。
  그는 배우로서 영화에 출연하는 한편으로 평론가로서 책을 쓰고 있다.

- 多くの人が避難した一方でまだ残って救助を待っている人たちもいる。
  많은 사람들이 피난 간 한편으로 아직 남아서 구조를 기다리는 사람들도 있다.

- この町には若い人が少ない一方、高齢者の割合が増えている。
  이 마을에는 젊은 사람이 적은 한편, 고령자의 비율이 늘어나고 있다.

- 日本語試験の問題は文法は簡単な一方、読解はとても難しい。
  일본어 시험 문제는 문법은 간단한 한편, 독해는 너무 어렵다.

- 彼は心理学者である一方、医師としても活躍している。
  그는 심리학자인 한편, 의사로서도 활약하고 있다.

함께 알아 두기

一方(では)〜

「一方(では)〜 한편(으로는)〜」는 '대비'와 '동시 진행'이라는 두 가지 의미로 사용되는 표현이다. 보다 대비성을 뚜렷하게 나타내기 위하여 「一方では〜、他方では〜 한편으로는〜, 다른 한편으로는〜」라는 형태로 쓰기도 한다.

- 都市に人口が**集中する一方では**地方の人口減少が目立つ。
  도시에 인구가 집중되는 한편으로는 지방의 인구 감소가 눈에 띈다.

- コンビニの新商品が**増える一方では**廃棄する物も多い。
  편의점의 신상품이 증가하는 한편으로는 폐기하는 것도 많다.

- 市民が祭りを**楽しむ一方では**事故を防ぐ努力が続く。
  시민이 축제를 즐기는 한편으로는 사고를 막는 노력이 이어진다.

- 老人が**元気な一方では**若者が元気がない。
  노인이 씩씩한 한편으로는 젊은이들이 기운이 없다.

- 駅前のスーパーが**にぎやかな一方では**古い商店街は静かだ。
  역 앞의 슈퍼가 붐비는 한편으로는 오래된 상가는 조용하다.

- 海岸部で雨が**強い一方では**都市部で強風が吹くでしょう。
  해안 지역에서 비가 강한 한편으로는 도시 지역에서 강풍이 불겠습니다.

- エネルギー革命は**一方では**経済発展を、**他方では**環境破壊をもたらした。
  에너지 혁명은 한편으로는 경제 발전을, 다른 한편으로는 환경 파괴를 초래했다.

- 輸入の増大で**一方では**価格が下がり、**他方では**農家の経営を悪化させた。
  수입의 증대로 한편으로는 가격이 떨어지고, 다른 한편으로는 농가의 경영을 악화시켰다.

うえで

~한 후에

우선 어떤 행동을 하고 그다음 행동을 취한다는 것을 나타낼 때 쓴다. 명사의 경우 「する」를 붙이면 동사가 되는 동작성 명사와 함께 쓴다.

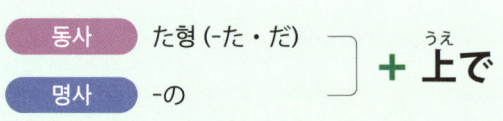

- 彼の話を聞いた上で、判断しよう。
  그의 이야기를 듣고 나서 판단하자.

- 何度も話し合った上で結論を出しました。
  몇 번이나 의논한 후에 결론을 내렸습니다.

- 先に電話をかけた上で訪問します。
  먼저 전화를 건 후에 방문하겠습니다.

- 十分な事前調査の上で工事を始めます。
  충분한 사전 조사 후에 공사를 시작하겠습니다.

- 現地のお金に両替の上で買い物する。
  현지 돈으로(화폐로) 환전한 다음에 쇼핑한다.

- 必要事項を記入の上で提出してください。
  필요 사항을 기입한 후에 제출해 주세요.

> **함께 알아 두기**

「〜上で」는 '~하는 데 있어서', '~함에 있어서'라는 의미로도 쓰인다. 이때, 동사는 기본형에, 명사는「の」를 넣고 접속한다.

- インターネットで買い物をする上でイメージと実物の違いにも注意しよう。
  인터넷으로 쇼핑을 하는 데 있어서 이미지와 실물의 차이에도 주의하자.

- 交通事故を減らす上で安全に対する自覚が重要だ。
  교통사고를 줄이는 데 있어서 안전에 대한 자각이 중요하다.

- 本を借りる上で必要な手続きがあります。
  책을 빌리는 데 있어서 필요한 절차가 있습니다.

- カード利用の上でいくつか条件がある。
  카드를 이용함에 있어서 몇 가지 조건이 있다.

- 契約の上で両者の権利と義務を確認した。
  계약함에 있어서(계약상에서) 양자의 권리와 의무를 확인했다.

- 営業の上で知った個人情報は秘密です。
  영업함에 있어서(영업상에서) 알게 된 개인 정보는 비밀입니다.

うえは

~한 이상, ~한 이상은

'~이기 때문에 당연히'라는 의미로, 말하는 사람의 결의나 각오 등을 나타내는 표현이다. 따라서 뒤에는 「〜べきだ ~해야만 한다」, 「〜つもりだ ~할 생각이다」, 「〜なければならない ~하지 않으면 안 된다」 등의 강한 표현이 오는 경우가 많다.

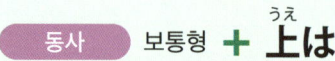

동사　보통형　+　上は

- 今週中に終えると約束した上は、何があっても約束は守るつもりだ。
  이번 주 안에 끝낸다고 약속한 이상은 무슨 일이 있어도 약속은 지킬 생각이다.

- 日本料理の本場に来た上は、多様な料理を味わうべきです。
  일본 요리의 본고장에 온 이상, 다양한 요리를 맛봐야만 합니다.

- 就職準備をする上は、先輩のアドバイスを受けて完璧にしたいです。
  취업 준비를 하는 이상, 선배님의 충고를 받아 완벽하게 하고 싶습니다.

- 計画を立てる上は、なるべく変更しないでいいように途中の点検が必要だ。
  계획을 세우는 이상, 가급적 변경하지 않아도 되도록 중간 점검이 필요하다.

- こちらが言った条件が全て満たされた上は、そちらに協力するのは当然です。
  이쪽에서 말한 조건이 모두 채워진 이상은 그쪽에 협조하는 것은 당연합니다.

함께 알아 두기

앞서「003 いじょう(は)」에서「以上は」,「上は」,「からには」가 유사한 표현이라고 설명한 바 있다.「からには」가 회화체 표현이고 나머지 두 표현이 문장체 표현이라는 점 외에도, 객관적이거나 일반적인 내용에 대해서는「以上は」를, 사람의 행동에 대해서는「上は」,「からには」를 많이 쓴다는 점이 다르다.

○ 試合に出る以上は勝ちたいです。
  시합에 나가는 이상 이기고 싶습니다.

○ 試合に出る上は勝ちたいです。

○ 試合に出るからには勝ちたいです。

○ チケットが取れない以上は見に行けません。
  티켓을 구하지 못하는 이상 보러 갈 수 없습니다.

✗ チケットが取れない上は見に行けません。

✗ チケットが取れないからには見に行けません。

○ 雨が止まない以上は試合は中止です。
  비가 그치지 않는 이상 시합은 중지입니다.

✗ 雨が止まない上は試合は中止です。

✗ 雨が止まないからには試合は中止です。

おり(に)

~했을 때, ~하는 기회에

주로 편지나 메일 등에서 사용하는 문장체 표현으로, 비즈니스 등에서 격식을 차리기 위해 사용하기도 한다.

- 東京に出張した折、本社の山田部長にお会いした。
  도쿄에 출장 갔을 때, 본사의 야마다 부장님을 만나 뵀다.

- 新緑の美しい折、皆様いかがお過ごしでしょうか。
  신록이 아름다운 계절, 여러분 어떻게 지내십니까?

- まだ元気な折には3か月に一度旅行していた。
  아직 건강했을 때에는 3개월에 한 번 여행했었다.

- ご多忙の折、このようなお願いをしまして申し訳ありません。
  바쁘신 중에, 이와 같은 부탁을 드려서 죄송합니다.

> **함께 알아 두기**

- 어떤 시점을 가리키는 말로 보통 회화에서는 「時(とき)」를 많이 쓴다. 문장이나 격식을 차려야 할 때는 「際(さい)(に)」를 사용하는데, 그보다 약간 문학적인 표현이나 편지, 비즈니스 등에서 상투적으로 사용하는 표현이 「折(おり)(に)」이다.

- 東京出張の折に御社の事務所に伺います。
  도쿄 출장 시에 귀사 사무실로 찾아 뵙겠습니다.

- 先日の説明会の折にご挨拶いたしました山田です。
  일전에 설명회 때 인사드린 야마다입니다.

- 先月お目にかかった折にお願いいたしました件ですが…。
  지난달에 뵀을 때 부탁드린 건입니다만….

- 「折(おり)(に)」만 사용하는 표현을 예문을 통해 살펴보자.

- ご多忙の折、お手数をおかけして申し訳ございません。
  바쁘신 와중에 번거롭게 해 드려 죄송합니다.

- 暑さきびしき折、くれぐれもご健康にはご注意ください。
  더위가 기승을 부릴 때, 부디 건강에 유의하시기 바랍니다.

- 何かの折にお立ち寄りいただければと思います。
  무슨 기회가 닿으실 때 들러 주셨으면 합니다.

008

かい(が)あって

~한 보람이 있어서

어떤 행위가 좋은 결과나 성과를 가져왔다는 것을 나타낼 때 사용한다. 이때「かい」는 한자「甲斐 보람」로 쓸 수도 있다. 주로 동사 과거형과 연결하는데, 진행형「〜ている」로 쓰면 반복되는 행동(습관, 연습 등)으로 좋은 결과를 거둔 것을 표현할 수 있다. 명사의 경우「する」를 붙이면 동사가 되는 동작성 명사와 함께 쓴다.

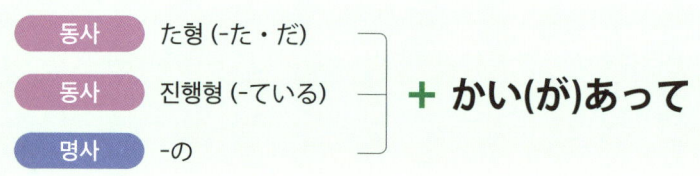

- 早く来たかいがあって一番前の席に座れた。
  일찍 온 보람이 있어서(덕분에) 제일 앞자리에 앉을 수 있었다.

- 毎日練習しているかいあって試合で優勝することができた。
  매일 연습하는 보람이 있어서 시합에서 우승할 수 있었다.

- 長年の努力のかいあって最優秀賞を獲得した。
  오랜 세월 노력한 보람이 있어서 최우수상을 획득했다.

- アメリカ留学のかいがあってTOEICでこれまでの最高点が取れた。
  미국에서 유학한 보람이 있어, 토익 시험에서 지금까지의 최고점을 받았다.

> 함께 알아 두기

～かいもなく

「～かいがあって」의 부정 표현으로, '~보람도 없이'라는 의미이며 접속 형태는 같다.

- 先生が熱心に指導したかいもなく試験に落ちてしまった。
  선생님이 열심히 지도한 보람도 없이 시험에 떨어지고 말았다.

- 徹底した安全対策のかいもなく今月も事故が30件を超えた。
  철저한 안전 대책의 보람도 없이 이번 달도 사고가 30건을 넘었다.

～がいがある

'~하는 보람이 있다, ~해 볼 가치가 있다'라는 의미로, 동사 ます형에 접속한다.
「동사 ます형 + がい ~하는 보람」를 넣어 다양한 표현을 만들 수 있다.

- 学生たちの反応が良くて教えがいがあります。
  학생들의 반응이 좋아서 가르치는 보람이 있습니다.

- この歳で生きがいを見つけた。
  이 나이에 사는 보람을 찾았다.

- やりがいのある仕事を求めて転職した。
  보람 있는(보람을 느낄 수 있는) 일을 찾아 이직했다.

かぎり(では)

~한 바로는, ~하는 바로는

'정보나 지식, 경험의 범위 내에서 판단하면'이라는 의미로,「見る 보다」,「聞く 듣다」,「調べる 조사하다」등의 동사와 결합하여 사용한다.

- 皆に聞いた限り、彼は嘘をつく人ではない。
  모두에게 들은 바로는 그는 거짓말을 하는 사람이 아니다.

- ニュースが伝える限りでは、この事故で死者はいないようだ。
  뉴스가 전하는 바로는 이 사고로 죽은 사람은 없는 것 같다.

- その人が話してくれた限りでは、誰も家族がいないそうだ。
  그 사람이 이야기해 준 바로는 가족이 아무도 없다고 한다.

- 私の記憶の限りでは、あの時、彼は家にいなかった。
  내가 기억하는 바로는 그때 그는 집에 없었다.

- これまでの調査の限りでは、月に生物はいないようだ。
  지금까지 조사한 바로는 달에 생물은 없는 것 같다.

> **함께 알아 두기**

- 「〜限(かぎ)り」는 '~하는 한', '어떤 동작이나 상태가 계속되는 동안'이라는 의미로도 사용된다.

- 空(そら)が明(あか)るい限(かぎ)り、試合(しあい)は続(つづ)けられる。
  하늘이 밝은 한 시합은 계속된다.

- 大(おお)きな地震(じしん)でも起(お)きない限(かぎ)り、この建物(たてもの)は倒(たお)れません。
  대지진이라도 일어나지 않는 한 이 건물은 무너지지 않습니다.

- 太陽(たいよう)の活動(かつどう)が活発(かっぱつ)な限(かぎ)り、観測(かんそく)は続(つづ)けられる。
  태양의 활동이 활발한 동안은 관측이 계속된다.

- 相手(あいて)が強(つよ)くて勝(か)てそうではなかったが力(ちから)の限(かぎ)り、応援(おうえん)した。
  상대가 강해서 이길 수 있을 것 같지는 않았지만 힘이 닿는 한 응원했다.

- 「かぎり」가 들어간 관용 표현

  できるかぎり: 가능한 한, 되도록
  - 私(わたし)もできるかぎり協力(きょうりょく)します。
    저도 가능한 한 협조하겠습니다.

  見渡(みわた)すかぎり: 눈에 미치는 한, 눈에 들어오는 것 모두
  - 2月(がつ)にはここは見渡(みわた)すかぎり菜(な)の花畑(はなばたけ)になります。
    2월에는 여기는 끝없이 펼쳐진 유채꽃 밭이 됩니다.

  あらんかぎりの: 있는 것 모두, 한껏
  - あらんかぎりの力(ちから)を出(だ)して戦(たたか)った。
    있는 힘을 다 내서 싸웠다.

がたい
~하기 어렵다, ~하기 힘들다

어떤 행위를 하기 힘들 때 쓰는데, 사실상 '불가능하다, 할 수 없다'는 것을 우회적으로 말하는 표현이며, 문장에서 주로 사용한다.

동사 ます형 **+** がたい

- いくら夏でも気温が40度になるなんて信じがたい。
  아무리 여름이라도 기온이 40도가 된다니 믿을 수가 없다.

- 彼のしたことはとうてい許しがたい。
  그가 저지른 일은 도저히 용서하기 어렵다.

- 動物の世界は人間に理解しがたいことも多い。
  동물의 세계는 인간에게 이해하기 어려운 것도 많다.

- 小学生のころの田中さんの姿は想像しがたい。
  초등학생 시절의 다나카 씨의 모습은 상상하기 어렵다.

- その提案はこちらとしては受け入れがたいものです。
  그 제의는 이쪽으로서는 받아들이기 힘든 것입니다.

- 昨日の試合の判定は私たちにとって認めがたいものでした。
  어제 시합의 판정은 우리에게 있어서 인정하기 어려운 것이었습니다.

> **함께 알아 두기**

〜がたい vs 〜にくい

두 표현 모두 '~하기 어렵다, 좀처럼 ~할 수 없다'라는 뜻이지만 뉘앙스에 차이가 있다. 「〜がたい」는 말하는 사람의 가치관이 반영된 표현이라면, 「〜にくい」는 단순히 '어떠한 조건 때문에 그 행동이 어렵다'라는 의미의 표현이다.

- ふるさとの景色はいつまでも忘れがたい。(✘ 忘れにくい)
  고향의 경치는 언제까지나 잊을 수 없다

- せっかく親しくなったのにこのまま別れがたい。(✘ 別れにくい)
  모처럼 친해졌는데 이대로 헤어질 수는 없다.

- 雨の日は道に水が溜まって歩きにくいです。(✘ 歩きがたいです)
  비 오는 날에는 길에 물이 고여서 걷기 불편합니다.

- 子供が書いた字なので読みにくいです。(✘ 読みがたいです)
  아이가 쓴 글씨라서 읽기 어렵습니다.

● 「がたい」가 들어간 관용 표현

忘れがたい思い出 잊을 수 없는 추억	信じがたい行動 믿을 수 없는 행동	言葉で表しがたい 말로 표현하기 어렵다
許しがたい発言 용서할 수 없는 발언	理解しがたい人 이해할 수 없는 사람	受け入れがたい提案 받아들일 수 없는 제안

が ～だけに

~가 ~인 만큼

같은 명사를 반복하여 '그것(명사)이 가지고 있는 성질, 특성을 생각하면 당연하다'라고 이유를 설명할 때 사용하는 표현이다.

> 명사 + が 명사 + だけに

- 時期が時期だけにその話は慎重に進めるべきだ。
  시기가 시기인 만큼 그 이야기는 신중히 진행해야만 한다.

- 買いたい気持ちはあるが値段が値段だけにとても手が出ない。
  사고 싶은 마음은 있지만 가격이 가격인 만큼 도저히 살 엄두가 나지 않는다.

- この作品は内容が内容だけに評価するのは難しい。
  이 작품은 내용이 내용인 만큼 평가하는 것은 어렵다.

- 相手が相手だけに簡単に応じないだろう。
  상대가 상대인 만큼 쉽게 응하지 않을 것이다.

- 時間が時間だけに電話していいか迷う。
  시간이 시간인 만큼 전화해도 될지 망설여진다.

- 場所が場所だけに捜査にも気を使う。
  장소가 장소인 만큼 수사에도 신경을 쓴다.

> 함께 알아 두기

～だけに

「～だけに」 앞에는 이유나 조건 등이 오고 뒤에는 '그래서 당연히 ~하다'라는 내용이 오는 경우가 많다.

- 彼はスポーツマンだけに健康管理が厳しい。
  그는 스포츠맨인 만큼 건강 관리가 엄격하다.

- カナダに5年間留学しただけに英語が素晴らしい。
  캐나다에 5년간 유학한 만큼 영어가 훌륭하다.

- この店は値段が高いだけに商品の質は最高だ。
  이 가게는 가격이 비싼 만큼 상품의 질은 최고이다.

～だけにかえって / ～だけになおさら

「～だけにかえって」는 '~한 만큼(~해서) 오히려~'라는 의미이고, 「～だけになおさら」는 '~한 만큼(~해서) 더욱더~'라는 의미이다.

- 皆が期待しているだけにかえって結果を出せないこともある。
  모두가 기대하고 있는 만큼(기대하고 있어서) 오히려 결과를 내지 못하는 경우도 있다.

- 準備を徹底しただけにかえって気がゆるんで失敗することがある。
  준비를 철저히 한 만큼 오히려 마음이 해이해져 실패하는 경우가 있다.

- 相手の強さを知っているだけになおさら勝ちたいと思う。
  상대의 강함을 알고 있는 만큼 더욱더 이기고 싶다는 생각이 든다.

- 先生からも無理だと言われただけに合格通知はなおさら嬉しかった。
  선생님도 무리라고 했던 만큼 합격 통지는 더욱더 기뻤다.

(か)とおもうと

~했다고 생각한 순간, ~했나(하고 있나) 싶더니, ~하자마자

어떤 일이 일어난 직후에 벌어지는 상황이나 행동을 나타내는 표현이다. 「〜思うと」와 「〜思ったら」는 거의 같은 의미이지만 「たら」 쪽이 더 회화적인 말투이다. 뒤에 의지적인 행위를 나타내는 「〜てください ~하세요」, 「〜たい ~하고 싶다」, 「〜よう / ましょう ~자 / ~합시다」 등은 올 수 없다.

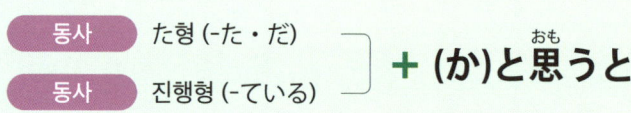

- 時計の針が12時をさしたと思うと音楽が流れ始めた。
 시계 바늘이 12시를 가리키자마자 음악이 흘러나오기 시작했다.

- 友達がたった今来たと思うとすぐ帰ってしまった。
 친구가 방금 왔나 싶더니 바로 돌아가 버렸다.

- 春になって凍っていた土が溶けたと思うと新芽が出始めた。
 봄이 되어 얼어 있었던 흙이 녹자마자 새싹이 돋기 시작했다.

- 暗くなったと思ったらすぐに大粒の雨が降ってきた。
 주변이 어두워지자마자 곧바로 굵은 빗줄기가 내리기 시작했다.

- 子供は部屋で勉強していると思ったらいつの間にか寝ていた。
 아이는 방에서 공부하고 있는 줄 알았더니 어느새 자고 있었다.

함께 알아 두기

~(か)と思うと VS ~たとたんに VS ~か~ないかのうちに

「~(か)と思うと ~했나(하고 있나) 싶더니」가 어떤 행동이 끝난 후 약간의 사이를 두고 금방 다른 행동이 나타나는 것이라면, 「~たとたんに ~하는 순간, ~하자마자 바로」는 먼저 한 행동이 끝난 순간에 다른 행동이 나타날 때 쓰는 표현이다. 「~か~ないかのうちに ~하자마자, 채 ~되기도 전에」는 먼저 한 행동이 끝나기 직전에 다른 행동이 시작되는 것을 나타낼 때 쓰는 표현이다.

- 子供は学校から帰ったと思うとすぐに出かけた。
  아이는 학교에서 돌아왔다 싶었는데 바로 나갔다. (약간 시간을 두고)

- 子供は帰ってきたとたんにテレビをつけて見始めた。
  아이는 집에 들어오자마자 TV를 틀고 보기 시작했다. (거의 동시에)

- お湯が沸くか沸かないかのうちに鍋にラーメンを入れてしまった。
  물이 끓자마자(채 끓기도 전에) 냄비에 라면을 넣어 버렸다. (상황이 일어나기 직전에)

- 冷蔵庫を開けたとたんに変な匂いがした。
  냉장고를 열자마자(연 순간) 이상한 냄새가 났다.

- 私は先生と目が合ったとたん思わず下を向いてしまった。
  나는 선생님과 눈이 마주치자마자(마주친 순간) 나도 모르게 고개를 숙이고 말았다.

- 席に座るか座らないかのうちに映画が始まった。
  자리에 앉자마자 (채 앉기도 전에) 영화가 시작됐다.

- 授業が終わるか終わらないかのうちに皆ケータイを見始めた。
  수업이 끝나자마자 (채 끝나기도 전에) 모두 휴대폰을 보기 시작했다.

かねる

~하기 어렵다, ~할 수 없다

'어떤 행동을 하려고 노력했지만 끝내 그렇게 못했다' 또는 '못하겠다'라는 의미이다. 「分かりかねます 잘 모르겠습니다」, 「ご希望に添いかねます 기대에 보답할 수 없습니다」 등과 같이, 비즈니스 자리에서 직설적으로 부정 표현을 하는 대신 우회적으로 말할 경우에도 많이 쓴다.

동사 ます형 **＋ かねる**

- 彼は彼女のことを忘れかねて今も時々写真を取り出して見ている。
  그는 그녀를 (좀처럼) 잊지 못해 지금도 가끔 사진을 꺼내 보고 있다.

- 夏の暑さに耐えかねて今年はとうとうエアコンを買うことにした。
  여름의 더위를 참지 못해 올해는 드디어 에어컨을 사기로 했다.

- 困っているおばあさんを見かねて手を貸してあげた。
  난처해 하시는 할머니를 보다 못해 도와드렸다.

- 技術的なことは分かりかねますので担当者が来るまでお待ちください。 기술적인 것은 잘 모르기 때문에 담당자가 올 때까지 기다려 주시기 바랍니다.

함께 알아 두기

〜かねない　~할 수도 있다, ~할지도 모른다

「〜かねない」와 「〜かねる」의 의미를 반대로 생각하기 쉬우니 주의해야 한다. 「〜かねない」는 '아직 나쁜 결과가 나온 것은 아니지만 이대로 가면 나쁜 결과가 나올 수도 있다' 또는 '그렇게 될 우려가 있다'고 경고하거나 주의를 촉구할 때 사용하는 표현이다.

- 道が凍っているから気をつけないと**転びかねない**。
  길이 얼었으니 조심하지 않으면 넘어질 수도 있다.

- ご飯も食べないし、このままでは**病気になりかねません**。
  밥도 먹지 않고 이대로라면(이러다) 병이 날 수도 있어요.

- 放っておくとあの人は言ってはいけないことまで**言いかねない**。
  내버려두면 저 사람은 해서는 안 되는 말까지 할 수도 있다.

- 来月までに支払わなければ**追い出されかねない**。
  다음 달까지 지불하지 않으면 쫓겨날지도 모른다.

- 気候の変化で一部の生物は**消滅しかねなくなった**。
  기후 변화로 일부 생물은 소멸될지도 모르게 되었다.

- 商品が予想以上の人気で**売り切れになりかねません**。
  상품이 예상 이상으로 인기가 있어서 매진될 수 있습니다.

- この交差点はいつも交通量が多くて事故が**起きかねない**。
  이 사거리는 언제나 교통량이 많아서 사고가 날 수도 있다.

かのように

~인 것처럼, ~인 양

실제로는 그렇지 않은데 마치 그런 것처럼 행동하거나 말하는 것을 표현할 때 쓰며, '마치, 흡사'라는 의미의「まるで」,「あたかも」와 같은 부사와 함께 쓰는 경우가 많다.

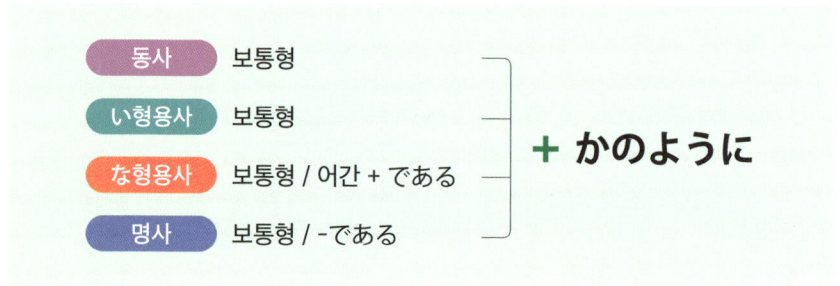

- 彼はその話を初めて聞いたかのように驚いた表情を見せた。
  그는 그 이야기를 처음 들은 것처럼 놀란 표정을 보였다.

- その人はまるで眠っているかのように静かに横たわっていた。
  그 사람은 마치 잠자고 있는 것처럼 조용히 누워 있었다.

- この食品は美容にもいいかのように宣伝している。
  이 식품은 미용에도 좋은 것처럼 선전하고 있다.

- 担当者は今回の決定が特別であるかのように説明した。
  담당자는 이번 결정이 특별한 것처럼 설명했다.

- その人は自分が責任者であるかのように顧客の応対をした。
  그 사람은 자신이 책임자인 양 고객의 응대를 했다.

> **함께 알아 두기**

～かのように vs ～みたいに

「～かのように」가 딱딱한 문장체이기 때문에 회화에서는 「～みたいに ~것처럼」를 더 많이 사용하며, 「～みたいで ~것 같아(서)」 형태도 자주 쓴다. 접속 방법은 동일하지만 な형용사와 명사에 접속할 때 「-である」가 생략되는 경우가 많다.

- けんかしていた二人が今朝は何も**なかったかのように**笑っている。
  싸웠던 두 사람이 오늘 아침에는 아무것도 없었던 것처럼 웃고 있다.

- 子供は話が**つまらないかのように**あくびしている。
  아이는 이야기가 재미없다는 듯이 하품하고 있다.

- 問題が**深刻であるかのように**彼の表情が険しくなった。
  문제가 심각한 것처럼 그의 표정이 험악해졌다.

- 彼女は今回が**初めてであるかのように**緊張している。
  그는 이번이 처음인 것처럼 긴장하고 있다.

- 少し前に雨が**降ったみたいに**地面が濡れている。
  조금 전에 비가 내린 것처럼 땅바닥이 젖어 있다.

- 彼女は食事が**物足りなかったみたいに**またメニューを見ている。
  그녀는 식사가 모자랐던 것처럼 다시 메뉴판을 보고 있다.

- けがの回復が**順調みたいで**安心しました。
  부상 회복이 순조로운 것 같아 안심했습니다.

- 彼氏は思い通りにならないと**子供みたいに**すねる。
  남자 친구는 뜻대로 되지 않으면 아이처럼 토라진다.

からして

우선 ~부터, 무엇보다 ~가

어떤 상황이나 사람에 대해 설명할 때, 특징적인 것을 예로 제시하고 강조하는 표현이다. '그것조차 이러하니 다른 것은 말할 것도 없다'라는 뉘앙스가 있다. 뒤에 오는 내용이 부정적인 경우가 많다.

명사 + からして

- 芸能人は生活のルールからして普通の人とは違っている。
  연예인은 생활 규칙부터가 보통 사람들과는 다르다.

- 最近の若者は敬語の使い方からして分かっていない。
  요즘 젊은 사람들은 경어(존댓말) 사용법부터 알지 못하고 있다.

- 先生がすすめるこの本は題名からして難しく読む気になれない。
  선생님이 권하는 이 책은 제목부터 어려워서 읽을 마음이 생기지 않는다.

- 日頃運動している人は歩き方からして違います。
  평소 운동하는 사람은 걷는 법부터 다릅니다.

- 熱帯に住む魚は体の色からして独特だ。
  열대에 사는 물고기는 몸 색깔부터 독특하다.

- ヨーロッパのケーキは名前からして複雑です。
  유럽의 케이크는 이름부터 복잡합니다.

> 함께 알아 두기

~からして vs ~からすると vs ~から見て

- 「~からして」는 판단의 근거를 나타내는 '~로 봐서'의 의미도 있다. 이와 유사한 표현으로 「~からすると ~로 보면, ~로 봐서」, 「~から見て ~로 봐서」가 있다.

- あの子は家庭のしつけがいいのか挨拶からして礼儀正しい。
  저 아이는 가정 교육을 제대로 받았는지 인사로 봐서(인사만 봐도) 예의 바르다.
  = あの子は家庭のしつけがいいのか挨拶一つとっても礼儀正しい。
  저 아이는 가정 교육을 제대로 받았는지 인사 하나만 봐도 예의 바르다.

- このお菓子のクリームは色からするとバナナ味だと思う。
  이 과자의 크림은 색깔로 봐서 바나나 맛인 것 같다.

- あの態度から見て彼は全く反省していないようだ。
  저 태도로 보아, 그는 전혀 반성하지 않는 것 같다.

- 「~からすると」는 '~(입장)에서 본다면'이라는 의미도 있다.

- ある人からすると常識でも、他の人からすると非常識だということもあります。
  어떤 사람이 본다면 상식이라도 다른 사람이 보면 비상식적일 수도 있습니다.

- この方向からすると火事は駅に近いところらしい。
  이 방향에서 보면 화재는 역에 가까운 곳인 것 같다.

からといって

~다고 해서, ~라고 해서

'어떤 상황으로 미루어 볼 때 당연히 이럴 것이다'라고 생각했으나 결과가 다를 경우에 쓰는 표현이다. 뒤에는 「〜とは限らない ~라고는 할 수 없다」, 「〜わけではない (반드시) ~인 것은 아니다」와 같은 부분 부정의 내용이 오는 경우가 많다.

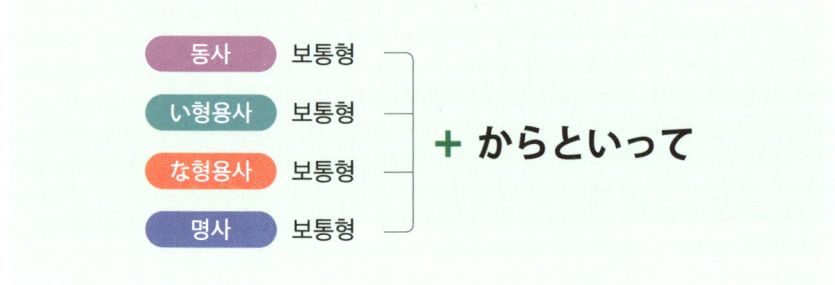

- 昨日雨が降ったからといって今日も降るとは限らない。
  어제 비가 내렸다고 해서 오늘도 내린다고는 할 수 없다.

- 東京に住んでいるからといって新宿についてよく知っているわけじゃない。 도쿄에 살고 있다고 해서 신주쿠에 대해 잘 아는 것은 아니다.

- 頭が痛いからといって忙しい時期に会社は休めない。
  머리가 아프다고 해서 바쁜 시기에 회사는 쉴 수 없다.

- いくら元気だからといっても無理をすれば病気になる。
  아무리 건강하다고 해도 무리를 하면 병이 난다.

- 外国人だからといって誰でも英語を話せるとは限らない。
  외국인이라고 해서 누구나 영어를 할 줄 안다고는 할 수 없다.

함께 알아 두기

〜からって

허물없는 관계에서 대화할 때는「〜からって ~라고 해서」도 많이 쓴다.

- 1時間早く出るからって着く時間は変わらない。
  한 시간 일찍 나간다고 해서 도착하는 시간은 변하지 않는다.

- 値段が安いからってたくさん買っても無駄になる。
  가격이 싸다고 해서 많이 사도 쓸모가 없게 된다.

- おいしくなかったからって残すのはもったいない。
  맛없었다고 해서 남기는 것은 아깝다.

- 派手だからって年寄りが着てはいけない服なんてありません。
  화려하다고 해서 어르신이 입어서는 안 되는 옷 같은 건 없습니다.

- 新鮮だからって刺し身を食べすぎるとお腹を壊す。
  신선하다고 해서 회를 너무 많이 먹으면 배탈이 난다.

- マラソンだからって誰でも完走する必要はない。
  마라톤이라고 해서 누구나 완주할 필요는 없다.

- 家族だからって自分を理解できるとは言えない。
  가족이라고 해서 자신을 이해할 수 있다고는 말할 수 없다.

ぎみ

왠지 ~한(하는) 느낌

매우 심한 것은 아니지만 어떤 경향이나 증상이 있을 때 쓰는 표현으로, 주로 부정적인 내용이 온다.

- この頃、成績は下がり気味ですが夏休みに頑張ってみます。
  요즘 성적은 떨어지는 경향이 있지만 여름 방학에 열심히 해 보겠습니다.

- 台風のせいで電車の運行が少し遅れ気味です。
  태풍 때문에 전철 운행이 약간 지연되는 느낌입니다.

- 運動不足が続いて太り気味です。
  운동 부족이 계속돼서 살찌는 느낌입니다.

- 昨日から風邪気味で、鼻水が止まりません。
  어제부터 감기 기운이 돌아서 콧물이 멈추지 않습니다.

- 初めての勝利に選手は興奮気味に試合を振り返った。
  첫 승리에 선수는 좀 흥분하는 기색으로 시합을 되돌아보았다.

- 物価は上昇気味で、原因は石油価格の引き上げだ。
  물가는 상승세(오름세)에 있는데 원인은 석유 가격의 인상이다.

함께 알아 두기

~がち

- 비슷한 의미로「~がち ~자주 ~함, ~하기 쉬움」가 있다.「~気味(ぎみ)」가 일회성의 내용을 나타내는데 비해「~がち」는 행동이나 상태가 반복되거나 연속적인 것을 나타낸다.

・田中(たなか)さんはこの頃(ごろ)、忙(いそが)しくて英会話教室(えいかいわきょうしつ)の授業(じゅぎょう)を休(やす)みがちです。
다나카 씨는 요즘 바빠서 영어 회화 교실의 수업을 자주 쉽니다.

・私(わたし)たちは目(め)に見(み)えない所(ところ)で環境(かんきょう)を守(まも)って働(はたら)く人(ひと)たちの苦労(くろう)を見過(みす)ごしがちです。
우리는 안 보이는 곳에서 환경을 지키며 일하는 사람들의 노고를 간과하기 쉽습니다.

・小(ちい)さいころから病気(びょうき)がちで体格(たいかく)もそんなに大(おお)きくありません。
어릴 때부터 병치레가 잦고 체격도 그렇게 크지 않습니다.

・今週(こんしゅう)は雨(あめ)がちでなかなか外(そと)に出(で)られない。
이번 주는 비가 잦아서 좀처럼 밖에 나갈 수 없다.

- 「~がち」에는 '~듯한 태도로'라는 의미도 있다. 대표적인 표현인「遠慮(えんりょ)がち」는 '몹시 망설이는 듯한 태도',「伏(ふ)し目(め)がち」는 '눈을 내리뜨는 듯한 표정'을 나타낸다.

・彼女(かのじょ)は遠慮(えんりょ)がちにハンカチを差(さ)し出(だ)した。
그녀는 조심스럽게 손수건을 내밀었다.

・その人(ひと)は私(わたし)の視線(しせん)を避(さ)けるように伏(ふ)し目(め)がちに話(はな)し続(つづ)けた。
그 사람은 내 시선을 피하는 것처럼 눈을 내리깔며 말을 이어 갔다.

きり

~인 채, ~한 채, ~한 것을 마지막으로

「~たきり…ない」라는 형태로 많이 쓰이며, '~를 마지막으로 그 후에는 …지 않았다'는 의미이다.

동사 た형(-た・だ) **+ きり**

- 彼とはこの前、同窓会で会ったきり一度も連絡をしていない。
  그와는 지난번 동창회에서 만난 후에는 한 번도 연락을 하지 않았다.

- 今日の検査のために昨日の夜食べたきり今まで何も食べていません。
  오늘 검사 때문에 어제 저녁에 먹은 이후 지금까지 아무것도 먹지 않았습니다.

- スキーでけがをしてから寝たきりで、今もベッドから起き上がれません。
  스키를 타다가 다쳐서 침대에 누운 채로 아직까지 일어날 수 없습니다.

- 冬服は2年前に買ったきり新しいものは一着もない。
  겨울옷은 2년 전에 산 이후에는 새로운 옷은 한 벌도 없다.

- 姉は買い物に行ったきりまだ帰ってこない。
  언니(누나)는 쇼핑을 간 뒤 아직 돌아오지 않았다.

- 国の両親には一週間前に電話したきりです。
  고국의 부모님께는 일주일 전에 전화한 이후 연락하지 않았습니다.

함께 알아 두기

명사 + きり

「명사 + きり ~만, ~뿐」의 형태도 있는데, 자주 쓰는 표현을 단어로서 기억해 두자.

- ヨーロッパにはまだ**一度きり**しか行ったことがない。
  유럽에는 아직 한 번밖에 못 가 봤다.

- **一人きり**の食事は寂しいです。
  혼자서만 하는 식사는 외롭습니다.

- **二人きり**でいる時が一番幸せだ。
  둘이서만 있을 때가 가장 행복하다.

- 10万円だけ返して**それきり**返してくれません。
  10만 엔만 갚고 그것을 마지막으로 갚아 주지 않습니다.

- これは日本に**3台きり**だという珍しい車です。
  이것은 일본에 세 대밖에 없다는 진귀한 자동차입니다.

- このカードが使えるのは1か月**5万円きり**です。
  이 카드를 쓸 수 있는 것은 한 달에 5만 엔뿐입니다.

- あなたとはもう**これきり**にしてください。
  당신과는 이제 이번만으로(마지막으로) 해 주세요.

- みんなで食事するのも**今夜きり**ですね。
  다 같이 식사하는 것도 오늘 밤뿐이군요.

きれる

완전히 ~되다, 완전히 ~할 수 있다

'어떤 동작을 끝까지 다 했다(그 결과로 더 이상 할 일이 없어졌다)'라는 의미이다. N3 문형인「동사 ます형 + きる 완전히(끝까지) ~하다」에서「きる」를 수동형 또는 가능형으로 바꾼 표현이다.「きれる / きる」가 들어간 예문을 비교해 보자.

동사 **ます형 + きれる**

きれる

- 人気(にんき)のある商品(しょうひん)はすぐ売(う)り切(き)れてしまう。
  인기 있는 상품은 금방 매진(품절)이 되어 버린다.

- 2位(い)の選手(せんしゅ)がすぐ後(うし)ろまで追(お)ってきたが逃(に)げ切(き)れた。
  2위 선수가 바로 뒤까지 쫓아왔지만 달아날 수 있었다.

- 頑張(がんば)って何(なん)とかラーメン5杯(はい)を食(た)べきれた。
  힘을 내서 간신히 라면 다섯 그릇을 다 먹어 치울 수 있었다.

きる

- 人気(にんき)のある商品(しょうひん)なので30分(ぶん)で100個(こ)売(う)り切(き)った。
  인기 있는 상품이라서 30분 만에 100개가 전부 다 팔렸다. (매진됐다.)

- 1位(いせんしゅ)の選手は2位(いせんしゅ)の選手が追(お)ってきたが最後(さいご)に逃(に)げ切(き)った。
  1위 선수는 2위 선수가 쫓아왔지만 막판에 따돌려서 이겼다.

- 朝(あさ)ごはんを食(た)べなかったので1時間(じかん)でラーメン5杯(はい)を食(た)べきった。
  아침을 먹지 않았기 때문에 한 시간만에 라면 다섯 그릇을 다 먹었다.

함께 알아 두기

～きれない

부정형인「～きれない」는 '(아무리 열심히 해도) 끝까지 못한다, 다 ~할 수 없다'는 의미를 나타낸다.

- もし宝くじの１等が当たってもお金は全部使いきれないでしょう。
  만약 복권 1등이 당첨되더라도 돈은 전부 쓸 수 없을 거예요.

- たった3人では敵の攻撃を防ぎきれない。
  단 세 명만으로는 적의 공격을 막아낼 수 없다.

- 今回は自信があって合格発表の日が待ちきれない。
  이번에는 자신이 있어서 합격 발표 날을 학수고대하고 있다. (간절히 기다리고 있다.)

- A4用紙一枚ではこの内容を書ききれません。
  A4용지 한 장으로는 이 내용을 다 쓸 수 없습니다.

- ご馳走がいっぱいで全部食べきれない。
  진수성찬이 가득해서 전부 다 먹을 수 없다.

- 会議室は狭すぎて全員が入りきれません。
  회의실은 너무 좁아서 전원이 다 들어갈 수 없습니다.

- 椅子に座りきれなくて立って見る人もいました。
  의자에 다 앉을 수 없어서 서서 보는 사람도 있었습니다.

- 全力を出しきれなかったから悔しい。
  전력을 다 쏟아 내지 못했기 때문에 분하다.

くせに

~이면서, ~인 주제에

상대의 나쁜 점을 비난하거나 의외라는 마음을 나타낼 때 사용하는 표현이다. 불만이나 경멸의 뉘앙스가 포함되어 있기 때문에 사용에 주의해야 한다.

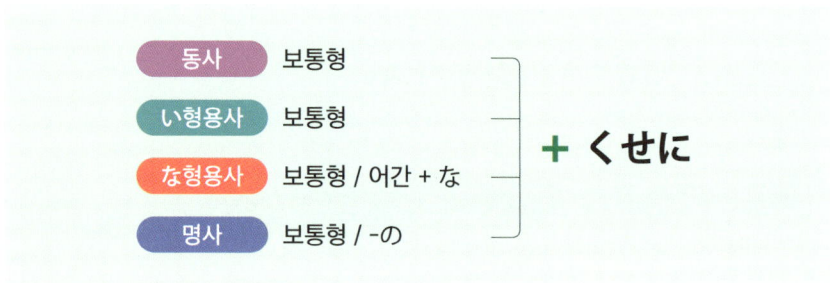

- その時は自分も賛成したくせに今になって知らないという。
  그때는 자기도 찬성했으면서(찬성한 주제에) 이제 와서 모른다고 한다.

- 何も知らないくせにそんなことは言わないでください。
  아무것도 모르면서(모르는 주제에) 그런 말은 하지 마세요.

- まだ若いくせに夢がない。
  아직 젊은데도 꿈이 없다.

- 甘いものが好きなくせにケーキは嫌いだという。
  단것을 좋아하면서도 케이크는 싫어한다고 한다.

- うちのモカはイヌのくせに外に出かけるのを嫌がる。
  우리 집 모카는 강아지이면서도 밖에 나가는 것을 싫어한다.

> **함께 알아 두기**

「〜くせに」는 불평이나 비난하는 뉘앙스가 있기 때문에 상대방을 불편하게 만들 수도 있다. 그럴 때 좀 더 부드럽게 표현하려면 「〜のに ~는데, ~한데」로 대신할 수 있다.

- 自分も失敗したことが**あるくせに**他人の失敗を批判する。
  자신도 실수한 적이 있는 주제에 남의 실수를 비판한다.

- 自分も失敗したことが**あるのに**他人の失敗を批判する。
  자신도 실수한 적이 있으면서 남의 실수를 비판한다.

- 本当は**貧しいくせに**豊かなふりをする人がいる。
  사실은 가난한 주제에 부유한 척을 하는 사람이 있다.

- 本当は**貧しいのに**豊かなふりをする人がいる。
  사실은 가난한데 부유한 척을 하는 사람이 있다.

- 歳が**同じくせに**自分が年上のように話す。
  나이가 같은 주제에 자기가 연상인 것처럼 말한다.

- 歳が**同じなのに**自分が年上のように話す。
  나이가 같은데 자기가 연상인 것처럼 말한다.
  「同じだ」는「어간 + くせに」,「어간 な + のに」로 접속

- **子供のくせに**まるで大人のようなことを言う。
  어린애인 주제에 마치 어른 같은 소리를 한다.

- **子供なのに**まるで大人のようなことを言う。
  어린애인데 마치 어른 같은 소리를 한다.
  「명사 の + くせに」,「명사 な + のに」로 접속

확인 문제　JLPT 문법_ 문법형식 판단 유형

다음 문장의 (　)에 넣기에 가장 적당한 것을 1·2·3·4에서 하나 고르세요.

1　日本語の発音は簡単な(　　)漢字の読み方は複雑だ。

　　1　あんがい　　2　あまり　　3　いっぽう　　4　いっけん

2　この件は社内で十分に検討した(　　)ご返事いたします。

　　1　うちに　　2　なかで　　3　もとに　　4　うえで

3　長い間説得した(　　)住民の75％以上の賛成を得た。

　　1　かいがあって　　　　　2　せいで
　　3　わけがあって　　　　　4　により

4　彼は面接を受けて1か月待たされた(　　)結局落ちてしまった。

　　1　いじょう　　2　あげく　　3　はてに　　4　ことで

5　モデルとして活動している人は歩き方(　　)違いますね。

　　1　だけでも　　2　からして　　3　からこそ　　4　だけなら

어휘

検討 검토　説得 설득　得る 얻다

6 暑さのせいで1,000人以上の人が亡くなったなんて、信じ(　　　)。

1　きれない　2　ぬけない　3　にくい　4　がたい

7 相手が相手(　　　)間違いを簡単には認めないだろう。

1　でも　　　2　だって　　3　だけに　　4　ばかりで

8 どんなに嘘をついても真実は最後まで隠し(　　　)。

1　きれない　　　　　　2　とおらない
3　ぬけない　　　　　　4　のこらない

9 子供が泣いているのを見(　　　)なぐさめてあげた。

1　かぎって　　　　　　2　かねて
3　まちがって　　　　　4　とどけて

10 このごろ仕事で無理が続いて少し疲れ(　　　)です。

1　ぎみ　　　2　なみ　　　3　がち　　　4　よう

認める 인정하다　嘘 거짓말　嘘をつく 거짓말을 하다　真実 진실　隠す 감추다, 숨기다
なぐさめる 달래다, 위로하다

확인 문제　JLPT 문법_ 문장 만들기 유형

다음 문장의 ＿★＿에 들어가기에 가장 적당한 것을 1·2·3·4에서 하나 고르세요.

1. 引っ越しの ＿＿＿ ＿＿＿ ★ ＿＿＿ しに回った。
   1 人に　　2 近所の　　3 挨拶　　4 おりに

2. 彼は正直な ＿＿＿ ＿＿＿ ★ ＿＿＿ も見逃せない。
   1 誤り　　2 人の　　3 あまり　　4 他の

3. 自分が金曜日に会おう ＿＿＿ ＿＿＿ ★ ＿＿＿ があっても約束は守る。
   1 何　　2 と　　3 以上　　4 言った

4. ドラマは ＿＿＿ ＿＿＿ ★ ＿＿＿ 人間の欲望を描く。
   1 実話　　2 かのように　　3 である　　4 まるで

5. 大雨でも ＿＿＿ ＿＿＿ ★ ＿＿＿ 開催する予定です。
   1 降らない　　2 は　　3 かぎり　　4 運動会

어휘

近所 근처, 이웃집　挨拶 인사　見逃す 못 보고 빠뜨리다, 간과하다, 눈감아 주다　誤り 잘못, 실수
欲望 욕망　描く 그리다　実話 실화　開催 개최

6　テレビ＿＿＿＿＿＿＿＿★＿＿＿といつの間にかいなくなっていた。

　　1　見ていた　　2　と　　　3　を　　　4　思う

7　子供は遊びに行って＿＿＿＿＿＿＿★＿＿＿帰ってきません。

　　1　きり　　2　言って　　3　来ると　　4　出かけた

8　この会の＿＿＿＿＿＿★＿＿＿活動に参加したい。

　　1　うえは　　2　積極的に　　3　なる　　4　会員に

9　その人形はまるで＿＿＿＿＿＿★＿＿＿穏やかな表情をしていた。

　　1　かの　　2　笑って　　3　ように　　4　いる

10　彼は歳が同じ＿＿＿＿＿★＿＿＿態度をする。

　　1　先輩の　　2　いつも　　3　くせに　　4　ような

いつの間にか 어느새　参加 참가　積極的に 적극적으로　まるで 마치
穏やかだ 온화하다, 평온하다　表情 표정　表情をする 표정을 짓다　歳 나이　態度 태도

くらいなら

~정도라면, ~할 바에야 (차라리)

'어떤 행위를 해야 한다면 차라리 이런 것을 하는 것이 낫다'고 비유적으로 말할 때 쓰는 표현이다. 아래 예문의 첫 번째부터 세 번째까지는 일어나지 않은 것을 가정하는 내용이고, 네 번째와 다섯 번째는 어떤 일이 일어난 후에 비로소 그것을 후회하는 내용이다.

동사 기본형 **+ くらいなら**

- あの人に謝るくらいならこの話はなかったことにしよう。
  그 사람에게 사죄할 바에야 (차라리) 이 이야기는 없던 걸로 하자.

- 夏の京都に行くくらいなら家でエアコンをつけてテレビを見ていた方がいい。
  여름에 교토에 갈 바에야 (차라리) 집에서 에어컨을 켜고 TV를 보는 게 낫다.

- 日曜日に出勤するくらいなら平日残業した方が疲れない。
  일요일에 출근하는 것보다 평일에 야근하는 게 피곤하지 않다.

- 途中で諦めるくらいなら、始めなければよかったのに。
  중도에 포기할 바에는 (차라리) 시작하지 말 걸.

- こんなに食べ残すくらいなら他のメニューを頼むんだった。
  이렇게 먹다 남길 바에야 다른 메뉴를 주문할 걸 그랬다.

함께 알아 두기

뒤에 오는 문장으로 「〜方がましだ ~는 편이 낫다」, 「〜方がいい ~는 편이 좋다」 등의 표현이 많이 쓰이고, 부사는 「むしろ 오히려」, 「いっそ 차라리」 등이 자주 쓰인다.

- 行列を作って食べるくらいなら昼抜きの方がましだ。
  줄을 서서 먹을 바에야 점심을 거르는 게 낫다.

- いつ来るか分からないバスを待つくらいなら歩いた方がましだ。
  언제 올지 모르는 버스를 기다릴 바에야 걸어가는 편이 낫다.

- 病気で入院するくらいなら早めに治療した方がいい。
  병으로 입원할 정도라면 빨리 치료하는 것이 좋다.

- 失敗して後悔するくらいなら何もしない方がいい。
  실패해서 후회할 바에야 아무것도 하지 않는 편이 낫다.

- 道路の混雑でいらいらするくらいならむしろ電車で行こう。
  도로 혼잡으로 짜증 날 바에야 차라리 전철로 가자.

- 就職で苦労するくらいならむしろ留学を選ぶ。
  취업으로 고생할 바에야 차라리 유학을 선택한다.

- 宝くじを期待するくらいならいっそ持ち家はあきらめる。
  복권을 기대할 바에야 차라리 내 집 마련은 포기하겠다.

- 朝5時に出発するくらいならいっそ前日夜遅く出発しよう。
  아침 5시에 출발할 바에야 차라리 전날 밤늦게 출발하자.

げ

~인 듯함

주관적인 감정이나 기분을 나타낼 때 쓰는 표현으로, 「～げに ~듯이」, 「～げな ~듯한」 형태의 な형용사처럼 사용된다. 「悲しそうに 슬픈 듯이」, 「恥ずかしそうに 부끄러운 듯이」 등과 같이 「～そうに ~듯이」의 형태로 바꿔 쓸 수 있다.

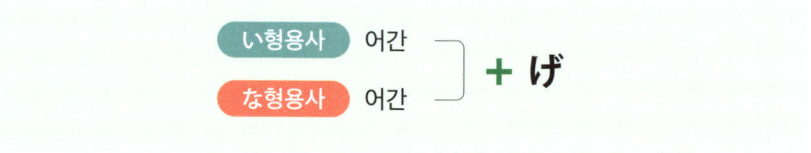

- 公園で一人で遊ぶ女の子は悲しげに見えた。
  공원에서 혼자 노는 여자아이는 슬픈 듯이 보였다.

- 他の学校から転校してきた子が恥ずかしげに挨拶した。
  다른 학교에서 전학 온 아이가 쑥스러운 듯이 인사했다.

- 丘の上に名もない花が寂しげに咲いていた。
  언덕 위에 이름도 없는 꽃이 쓸쓸하게 피어 있었다.

- お客さんは担当者を待つ間、退屈げに店のパンフレットを見ていた。
  손님은 담당자를 기다리는 동안 따분한 듯이 가게의 팸플릿을 보고 있었다.

- 大勢の人から祝福を受けて新郎新婦の両親は満足げに微笑んだ。
  많은 사람들로부터 축복을 받아 신랑 신부의 부모는 만족스러운 듯이 미소 지었다.

함께 알아 두기

그 밖에 「～あり + げ ~있는 듯」, 「～なさ + げ ~없는 듯」 등의 표현도 있다. 실제로 사용할 수 있는 단어가 한정되어 있으니 관용적으로 많이 쓰는 표현은 단어로서 외워 두는 것이 좋다.

- 深夜、訳ありげな二人はタクシーを捕まえると、どこかに走り去った。
  심야에 사연이 있는 듯한 두 사람은 택시를 잡자 어디론가 떠나가 버렸다.

- 兄は弟をかわいがる母を不満げに見つめた。
  형은(오빠는) 남동생을 귀여워하는 어머니를 불만이 있는 듯이(못마땅하게) 쳐다보았다.

- 学生たちは先生の話を興味なさげに黙って聞いていた。
  학생들은 선생님 이야기를 관심이 없는 듯이 잠자코 듣고 있었다.

- 学生は自分が描いた絵を自信なさげに見せた。
  학생은 자기가 그린 그림을 자신이 없는 모습으로 보여 주었다.

- 先輩は後輩の大人げない行動を注意した。
  선배는 후배의 어른스럽지 못한 행동에 주의를 주었다. (행동을 나무랐다.)

- 彼女の洗練されたセンスは何気ない動作にもよく表れています。
  그녀의 세련된 센스는 무심코 하는(무의식적인) 동작에서도 잘 드러납니다.

ことだ

~해야 한다, ~하는 것이 좋다 [조언, 충고]

윗사람이 아랫사람에게 조언이나 충고를 할 때 쓰는 표현이다. 허물없는 사이에서도 쓸 수 있지만 주로 부모, 선생님, 선배, 상사와 같은 입장에서 손아랫사람에게 쓰는 경우가 많다.

동사 기본형 / 부정형 ＋ **ことだ**

- いい成績を残すためにはとにかく練習を続けることだ。
  좋은 성적을 남기기 위해서는 하여튼(무조건) 연습을 계속해야 한다.

- 字を上手に書くにはマス目のあるノートで練習することです。
  글씨를 잘 쓰려면 칸이 있는 공책으로 연습하는 것이 좋습니다.

- 朝早く起きられるように前の日は9時前に寝ることです。
  아침 일찍 일어날 수 있도록 전날에는 9시 전에 자야 합니다.

- これからは先生に叱られないように絶対に遅刻しないことです。
  앞으로는 선생님께 혼나지 않도록 절대로 지각해서는 안 됩니다.

- 後悔しないためには辛くてもあきらめないことです。
  후회하지 않기 위해서는 힘들어도 포기하지 않는 것이 좋습니다.

- 信頼を回復しようとするなら絶対約束を破らないことだ。
  신뢰를 회복하려고 한다면 절대로 약속을 어기지 말아야 한다.

> **함께 알아 두기**

「～ことだ」는 기뻐하거나 한탄하는 등의 감개를 나타낼 때도 사용된다. 주로 감정을 나타내는 말과 함께 사용되며 '매우 ~하다', '~하게 됐네' 등으로 해석된다. 동사 보통형, い형용사 기본형, な형용사 어간 + な에 접속해서 사용한다.

- いくら言っても言うことを聞かないんだから困ったことだ。
  아무리 말해도 말을 듣지 않으니 참으로 곤란하다.

- ボランティアを20年も続けるのは本当にすごいことです。
  자원봉사 활동을 20년이나 계속하는 것은 정말로 훌륭합니다.

- イヌが100キロの道を歩いて家に帰るとは実に驚くべきことだ。
  개가 100킬로 길을 걸어서 집으로 돌아오다니 참으로 놀랍다.

- ともかく無事に帰ってきたんだから嬉しいことだ。
  어쨌든 무사히 돌아와서 매우 기쁘다.

- どちらも特色があってどちらか選ぶのは悩ましいことだ。
  어느 쪽도(둘 다) 특색이 있어서 어느 하나를 고르는 것은 고민스럽다.

- 40歳過ぎても貯金が全然ないとは情けないことです。
  40살이 넘었는데도 저금이 전혀 없다니 한심하기 짝이 없습니다.

- せっかく苦労して建てた家が火事になるなんて気の毒なことだ。
  모처럼 고생해서 지은 집에 화재가 나다니 딱하기 짝이 없다.

- この頃、どろぼうの被害が多くなっていて物騒なことです。
  요즘 도둑 피해가 많아지고 있어서 정말 뒤숭숭합니다.

ことだし

~기도 하고, ~기도 하니까

어떤 판단이나 결정을 함에 있어, 여러 이유 중 가장 중요한 이유나 근거를 들 때 쓰는 표현이다.

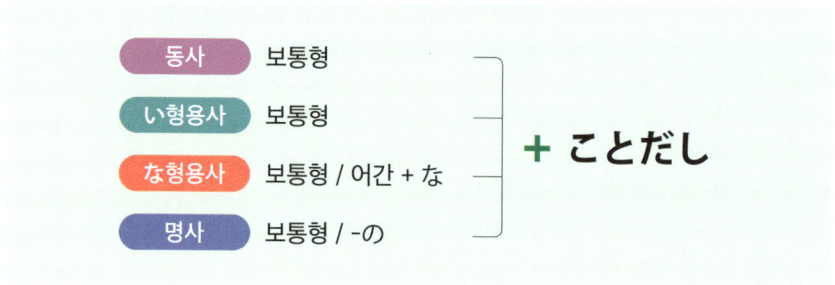

- 課長が決めたことだし私たちも全力をつくしましょう。
  과장님이 결정하신 것이기도 하니 우리도 전력을 다합시다.

- 担当者が待っていることだし早く出発しなくちゃ。
  담당자가 기다리고 있기도 하니 빨리 출발해야지.

- お仕事も忙しいことだし今日はこれで失礼します。
  일도 바쁘실 테니 오늘은 이만 실례하겠습니다.

- 彼は成績も優秀なことだしきっといい会社に就職できますよ。
  그는 성적도 우수하기도 하니 분명 좋은 회사에 취직할 수 있을 거예요.

- 小説のことだし事実と違うのは仕方がない。
  소설이기도 하고 사실과 다른 것은 어쩔 수 없다.

> **함께 알아 두기**

「~ことだし、~ので / から」를 써서 두 가지 이유를 들 수도 있다. 「~ことですし」를 쓰면 보다 정중한 표현이 된다.

- 心から謝ったことだし被害もなかったので不起訴になった。
  진심으로 사과하기도 하고 피해도 없었기 때문에 불기소가 되었다.

- もう薄暗いことだしここは寒いから家に帰って話しましょう。
  이제 어둑하기도 하고 여기는 추우니까 집에 가서 이야기합시다.

- 合格は確実なことだし皆も来るからお祝いの準備をしなくちゃ。
  합격은 확실하기도 하고 다들 올 테니 축하 파티 준비를 해야지.

- まだ子供のことだし本人も反省していますので、お許しください。
  아직 나이가 어리기도 하고 본인도 반성하고 있으니 용서해 주세요.

- 明日で終わることですし今日は少し休んでください。
  내일로 끝나기도 하니까(끝날 테니) 오늘은 좀 쉬세요.

- 時間があまりないことですし急いで仕事を終わらせます。
  시간이 별로 없기도 하니까 서둘러서 일을 마치겠습니다.

こととなると

~이야기만 나오면, ~가 화제가 되면

어떤 대상이나 문제 등이 화두가 되면 평소와는 다른 태도로 바뀐다고 말할 때 쓰는 표현으로, 보통 그 대상을 너무 좋아한다는 뉘앙스를 포함하는 경우가 많다.

- 彼女は食べることとなるとまるで研究者のように話す。
  그녀는 먹는 이야기만 나오면 마치 연구자처럼 이야기한다.

- あの人は映画を評価することとなると他人の意見を聞かない。
  저 사람은 영화를 평가하는 이야기만 나오면 남의 의견을 듣지 않는다.

- 田中さんはゴルフのこととなると何時間でも話せるそうだ。
  다나카 씨는 골프 이야기만 나오면 몇 시간이라도 계속할 수 있다고 한다.

- おじいさんは孫のこととなると急に幸せそうな顔になる。
  할아버지는 손자 이야기만 나오면 갑자기 행복한 얼굴이 된다.

- 「親ばか」とは子供のこととなると相手かまわず自慢ばかりする人だ。
  '자식 바보'란 아이 이야기만 나오면 상대가 누구든지 자랑만 하는 사람이다.

ことなく
~하지 않고, ~하는 일 없이

「〜ないで」,「〜ずに」와 같은 의미로, 문장체적인 표현이다.

> **동사** 기본형 **+ ことなく**

- リンゴの皮を途中で切れることなくむくのは難しい。
  사과 껍질을 중간에 끊어지지 않고 벗기는 것은 어렵다.

- 彼はためらうことなく大学院進学を選択した。
  그는 주저 없이 대학원 진학을 선택했다.

- 雨は今も止むことなく降り続け、近くの川の水があふれている。
  비는 지금도 그치지 않고 계속 내려 인근 강물이 넘쳐나고 있다.

- 次々と起きる不幸な事件にも悲しむことなく前を向いて歩き始めた。
  잇달아 일어나는 불행한 사건에도 슬퍼하지 않고 앞을 향해 걷기 시작했다.

- 彼は世話になった人を決して忘れることなく毎年カードを送る。
  그는 신세를 진 사람을 결코 잊지 않고 매년 카드를 보낸다.

> **함께 알아 두기**

회화에서는 「～ないで ~지 않고」, 「～ずに ~지 않고」를 사용한다.

- このロープは離さないでつかんでいてください。
  이 로프는(밧줄은) 놓지 말고 잡고 있으세요.

- 廊下は走らずに静かに歩きましょう。
  복도(에서)는 뛰지 말고 조용히 걸어갑시다.
  (「廊下は～」에서 조사「は」는 일본어로 자연스러운 표현이다.)

ことなしに

「～ことなしに」도 '~하지 않고, ~하는 일 없이'라는 의미인데, 「～ことなしに ～ない」는 '~하지 않고 ~는 할 수 없다'는 의미를 나타낸다.

- あまり考えることなしに行動するのが彼の性格だ。
  별로 생각하지 않고 행동하는 것이 그의 성격이다.

- 今は教室に行くことなしにオンラインで授業を受けます。
  지금은 교실에 가지 않고 온라인으로 수업을 받습니다.

- 努力することなしに成功することはできない。
  노력하지 않고 성공할 수는 없다.

- 誰かに認めてもらうことなしに人は生きていけない。
  누군가에게 인정받지 않고 사람은 살아갈 수 없다.

- 保存ボタンを押すことなしにデータは保存されない。
  저장 버튼을 누르지 않으면 데이터는 저장되지 않는다.

させる(させてしまう)

~하게 하다, ~하게 만들다 [사역형]

본의 아니게 해서는 안 되는 일을 한 것에 대해 미안함을 나타낼 때 쓰는 표현이다. 동사 사역형에 「～てしまう ~해 버리다」를 붙이는 경우가 많다.

동사1그룹	어미 → あ단 **+ せる**
동사2그룹	어미 る 삭제 **+ させる**
동사3그룹	する / くる → **させる / こさせる**

- 自分の一言で相手を怒らせてしまった。
  내 말 한 마디에 상대방을 화나게 만들었다.

- 急な話で驚かせてすみません。
  갑작스러운 이야기로 놀라게 해 드려 죄송합니다.

- テレビを見ながら調理していたら魚を焦げさせてしまった。
  텔레비전을 보면서 조리했더니 생선을 불에 타게 해 버렸다. (태워 버렸다.)

- 水を出しっぱなしにしてあふれさせてしまった。
  물을 계속 틀어 놓은 채로 놔두어 넘치게 해 버렸다.

- 私の不注意から友達に危険運転させてしまった。
  나의 부주의로 친구에게 위험 운전을 하게 해 버렸다. (시켜 버렸다.)

- わざわざ遠くから来させてしまい、すみません。
  일부러 멀리서 오시게 해서 죄송합니다.

함께 알아 두기

본래 사역형은 어떤 사람에게 무언가를 시키거나 때로는 억지로 어떤 행동을 하게 하는 표현이다. 그러나 행동의 주체가 자신이거나 사역의 의미가 없는 관용 표현도 있으니 함께 알아 두자.

合(あ)わせる顔(かお)がない　마주 대할 얼굴이 없다 (=면목이 없다)

お待(ま)たせしました　기다리게 했습니다 (=기다리게 해서 죄송합니다)

頭(あたま)を悩(なや)ませる　머리를 고민시키다 (=골치를 썩이다)

目(め)を光(ひか)らせる　눈을 빛나게 하다 (=감시하다)

口(くち)を滑(すべ)らせる　입을 미끄러지게 하다 (=입을 잘못 놀리다, 누설하다)

- A 相手(あいて)を怒(おこ)らせてしまいましたね。 상대방을 화나게 만들었네요.
  B 本当(ほんとう)に合(あ)わせる顔(かお)がありません。 정말로 면목이 없습니다.

- お待(ま)たせしました。本日(ほんじつ)のランチです。
  오래 기다리셨습니다. 오늘의 런치입니다.

- どうすればお客(きゃく)さんが来(く)るか、毎日(まいにち)頭(あたま)を悩(なや)ませています。
  어떻게 하면 손님이 올까 매일 고민하고 있습니다.

- 警察(けいさつ)が交通違反(こうつういはん)の取締(とりしま)りに目(め)を光(ひか)らせている。
  경찰이 교통 위반 단속으로 감시하고 있다.

- A これは誰(だれ)にも言(い)わないでください。 이건 누구에게도 말하지 마세요.
  B 口(くち)を滑(すべ)らせないよう気(き)をつけます。 말실수하지 않도록 조심하겠습니다.
  　　　　　　　　　　　　　　　　　　(입조심하겠습니다.)

ざるをえない

~하지 않을 수 없다, ~할 수밖에 없다, ~해야 하다

「~ざる」는 「~しない ~하지 않다」의 예스러운 표현이고, 「~得ない」는 '~할(을) 수 없다'라는 뜻으로, 이중 부정 표현이다. '사실은 하고 싶지 않지만 어떤 사정이나 조건으로 그렇게 할 수밖에 없다, 선택의 여지가 없다'라고 할 때 사용한다.

동사 1그룹	어미 → あ단	+ ざるを得ない
동사 2그룹	어미 る 삭제	
동사 3그룹	する / くる	→ せざるを得ない / 来ざるを得ない

- 今後のスケジュールを考えると今週中に出さざるを得ない。
  향후 일정을 생각하면 이번 주 안에 내지 않을 수 없다.

- いくら高くても必要な材料は買わざるを得ない。
  아무리 비싸도 필요한 재료는 사지 않을 수 없다.

- 取引先の人も集まるパーティーなのでスーツを着ざるを得ない。
  거래처 사람들도 모이는 파티이기 때문에 정장을 입지 않을 수 없다.

- 負傷した選手は交替せざるを得ないでしょう。
  부상당한 선수는 교체시키지 않으면 안 될 거예요.

- 遅くとも9時までには来ざるを得ません。
  늦어도 9시까지는 와야 합니다.

> 함께 알아 두기

~ざるを得ない VS ~ないわけにはいかない VS ~するほかない

위 표현 모두 '~하지 않을 수 없다', '~할 수밖에 없다'라는 의미를 가지고 있지만 쓰임이나 뉘앙스가 조금씩 다르다. 대체해서 표현할 수도 있지만 어색해지는 경우도 있으니 예문을 통해 간단히 살펴보자.

◯ 雨が強くて試合を中止せざるを得ない。
비가 세서(많이 와서) 시합을 중지하지 않을 수 없다.

◯ 雨が強くて試合を中止しないわけにはいかない。
비가 세서(많이 와서) 시합을 중지하지 않을 수는 없다.

◯ 雨が強くて試合を中止するほかない。
비가 세서(많이 와서) 시합을 중지할 수밖에 없다.

◯ 誕生日だからプレゼントを買わないわけにはいかない。
생일이라서 선물을 사지 않을 수는 없다.

△ 誕生日だからプレゼントを買うほかない。
생일이라서 선물을 살 수밖에 없다. (싫은 일을 억지로 한다는 느낌이다.)

◯ 車が故障したから電車で行くほかない。
차가 고장 났기 때문에 전철로 갈 수밖에 없다.

△ 車が故障したから電車で行かないわけにはいかない。
차가 고장 났기 때문에 전철로 가지 않을 수는 없다.
(다른 방법이나 수단이 없다는 의미로는 「~するほかない」가 자연스럽다.)

しだい

~하(되)는 대로, ~하(되)는 즉시

'~을 하는 즉시 ~하겠다'고 하는 의지를 나타내거나 '~을 하는 대로 ~해 달라'고 부탁할 때 사용하며, 뒤에는 과거형의 문장이 오지 않는다.

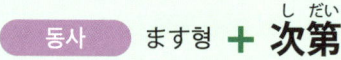

- 向こうから連絡があり次第、出発することにします。
  저쪽에서 연락이 오는 대로 출발하기로 하겠습니다.

- 部長が戻り次第、会議を始めたいと思います。
  부장님이 돌아오시는 대로 회의를 시작하고자 합니다.

- 日程が決まり次第、連絡をお願いします。
  일정이 정해지는 대로 연락 부탁드립니다.

- 商品が売り切れ次第、閉店します。
  상품이 매진되는 대로 문을 닫겠습니다.

- ミサイルを発射し次第、レーダーが追跡を始める。
  미사일을 발사하는 대로 레이더가 추적을 시작한다.

- 書類ができ次第、メールでお送りします。
  서류가 완성되는 대로 메일로 보내 드리겠습니다.

함께 알아 두기

- 「〜次第」는 격식을 차리는 자리에서 사용하는 경우가 많고, 회화에서는 「〜たらすぐに / 〜とすぐに ~하면 바로, ~하자 바로」를 많이 쓴다. 또,「〜次第」는 과거형은 오지 않지만,「〜たらすぐに / 〜とすぐに」는 과거형도 쓸 수 있다.

- 部長が戻りましたらすぐに会議を始めましょう。
  부장님이 돌아오시면 바로 회의를 시작합시다.

- 私はご飯を食べるとすぐに横になるくせがある。
  나는 밥을 먹으면 바로 눕는 버릇이 있다.

- あまりに疲れて電車で座ったらすぐに寝てしまった。
  너무 피곤해서 전철에서 앉았더니 금방 잠들어 버렸다.

- 「する」 동사는 원칙적으로 「〜し次第」라고 해야 하지만 「し」를 생략해서 쓰기도 한다. (예: 完成し次第 = 完成次第)

- 原稿が完成次第、すぐに送ります。
  원고가 완성되는 대로 바로 보내 드리겠습니다.

- この商品は販売が終了次第、新商品に切り替えます。
  이 상품은 판매가 종료되는 대로 신상품으로 교체합니다. (교체하겠습니다.)

- 商品のサンプルが到着次第、営業チームが検討を始める予定だ。
  상품 샘플이 도착하는 대로 영업 팀이 검토를 시작할 예정이다.

- 採用が決定次第、研修の申込みをしてください。
  채용이 결정되는 대로 연수 신청을 해 주세요.

しだいで

~에 따라(서), ~기 나름으로

'~에 의해 결과가 좌우된다, 여러 가지로 변한다'는 것을 나타낼 때 사용한다.

- 努力次第で成功できる。
  노력에 따라 성공할 수 있다.

- 相手の態度次第でこちらの態度も変わる。
  상대의 태도에 따라 이쪽의 태도도 달라진다.

- 明日は天気次第で出発時間が変わるかもしれません。
  내일은 날씨에 따라 출발 시간이 바뀔지도 모릅니다.

- 相手の返事次第でこちらの方針も考え直さなければならない。
  상대방의 답변에 따라 우리 쪽 방침도 재검토해야 한다.

- けがの回復次第では今回の試合の出場はあきらめた方がいい。
  부상의 회복 상태에 따라서는 이번 시합의 출전은 포기하는 편이 낫다.

- 失敗の経験も考え方次第でもっと大きな成功を呼ぶきっかけになる。
  실패의 경험도 생각하기에 따라(생각하기 나름으로) 더 큰 성공을 부르는 계기가 된다.

> **함께 알아 두기**

「~次第だ ~에 달려 있다」의 형태로 문장 끝에 올 수도 있다. 또, 이유나 사정을 설명하고 '그래서 ~라고 하는 결과가 되었다'는 의미로도 사용된다.

- 明日の出発時間は**天気次第**です。
  내일 출발 시간은 날씨에 달려 있습니다.

- どうするかは君の**判断次第だ**。
  어떻게 할지는 자네의 판단에 달려 있다.

- 早く帰れるかどうかは上司の**気分次第だ**。
  빨리 돌아갈 수 있을지 어떨지는 상사의 기분에 달려 있다.

- ボーナスが出るかどうかは今月の**実績次第だ**と聞きました。
  보너스가 나올지 어떨지는 이번 달의 실적에 달려 있다고 들었습니다.

- 会議の時間が変更になりましたので**お知らせする次第**です。
  회의 시간이 변경되었으므로 알려 드리는 바입니다.

- A 電車が止まったのは電気系統のトラブルだということですね。
  전철이 멈춘 것은 전기 계통의 문제라고 하는 것이군요.
  B 申し訳ございませんが、**そういう次第**です。
  죄송합니다만, 그렇게 된 것입니다.

- A **以上のような次第**で今回は役員会が延期になりました。
  이상과 같은 이유로 이번에는 임원회가 연기되었습니다.
  B じゃ、日程が決まったら知らせてください。
  그럼 일정이 정해지면 알려 주세요.

すえ(に)

~한 끝에

'여러 방법과 과정을 거친 끝에 결과를 얻어냈다, 결론에 이르렀다'고 말할 때 쓰는 표현이다. 일반적으로 긍정적인 성과에 많이 사용한다.

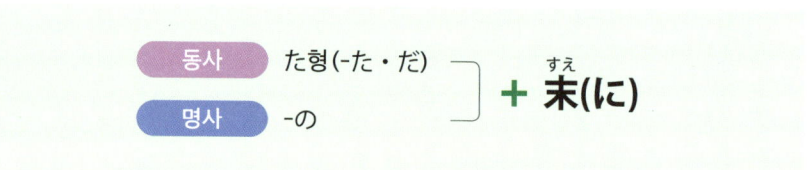

- 10社以上面接を受けた末にようやく合格通知を手にした。
  10개 이상 회사 면접을 본 끝에 간신히 합격 통지서를 손에 쥐었다.

- いろいろ迷った末に白いドレスを着ることにしました。
  여러 가지로 망설인 끝에 하얀 드레스를 입기로 했습니다.

- 2日間にわたる話し合いの末に両国の代表は新しい協定に合意した。
  이틀간에 걸친 토론 끝에 양국 대표는 새로운 협정에 합의했다.

- 1958年、試行錯誤の末に日本初のインスタントラーメンが生まれた。
  1958년, 시행착오 끝에 일본 최초의 인스턴트 라면이 탄생했다.

- 交通事故で重体だった患者が8時間に及ぶ手術の末に生命の危機を乗り越えた。
  교통사고로 중태에 빠졌던 환자가 8시간에 이르는 수술 끝에 생명의 위기를 극복했다.

함께 알아 두기

～末に VS ～あげくに

「～末(に)」는 긍정적·부정적 결과가 모두 올 수 있지만 「勝つ 이기다」, 「得る 얻다」, 「合意に達する 합의에 이르다」 등과 같이 긍정적인 내용이 오는 경우가 많다. 이에 비해 「～あげく(に)」는 부정적인 결과가 올 경우에 사용한다. (001「あげく」참고)

- いろいろ悩んだ末に弁護士に相談することにした。
  여러 가지로 고민한 끝에 변호사에게 상담하기로 했다.

- 接戦の末にようやく勝利を手にした。
  접전 끝에 간신히 승리를 거두었다.

- 有名なラーメン店で1時間も並んだあげく、材料がなくなって食べられなかった。
  유명한 라면집에서 한 시간이나 줄을 선 끝에 재료가 떨어져서 먹을 수 없었다.

- その本は内容に間違いが多く全部回収のあげく廃棄された。
  그 책은 내용에 오류가 많아서 전부 회수 끝에 폐기되었다.

あげくの果てに

부사처럼 쓰는 관용 표현으로, '결국, 급기야, 끝내'라는 의미이다. 역시 나쁜 결과를 말할 때 사용한다.

- 昨日は急に大雨が降り出して慌てて走ったら転んでケガをし、あげくの果てに携帯を壊してしまった。
  어제는 갑자기 폭우가 쏟아져서 황급히 뛰어갔더니 넘어져서 다치고, 급기야 휴대폰을 망가뜨리고 말았다.

ずにはいられない

~하지 않고는 견딜 수 없다

「〜ずには」는 「〜ないでは ~하지 않고는」라는 뜻으로, '어떤 행동을 하지 않고는 있을 수 없다', '하고 싶은 욕구가 강하다'는 것을 나타낼 때 사용한다. 「する」 동사는 「〜せずにはいられない」 형태로 활용된다.

동사 ない형 **+ ずにはいられない**

- 友達がおもしろい顔をしたので笑わずにはいられなかった。
  친구가 웃긴 표정을 지었기 때문에 웃지 않을 수 없었다.

- あの人がそんなことをしたのが信じられなくて確かめずにはいられなかった。
  그 사람이 그런 일을 했다는 것이 믿기지 않아서 확인하지 않을 수 없었다.

- 朝、事故のニュースを見て驚かずにはいられなかった。
  아침에 사고 뉴스를 보고 놀라지 않을 수 없었다.

- こんなテストの結果を見れば失望せずにはいられない。
  이런 시험 결과를 보면 실망하지 않을 수 없다.

- 彼女が辛そうに見えたから慰めずにはいられなかった。
  그녀가 힘들어 보였기 때문에 위로하지 않을 수 없었다.

함께 알아 두기

～ずにはおかない

「～ずには」가 들어간 또 다른 표현을 살펴보자. N1 문형이니 참고만 해 두자.
「～ずにはいられない」는 자신의 의지로 통제할 수 없는 상황에서 쓴다면, 「～ずにはおかない」는 ① '~하지 않고는 내버려두지 않는다, 반드시 그렇게 하겠다'는 강력한 의지를 나타내거나 ② '~하게 만든다, ~하게 한다'는 자발적 상황을 나타낼 때 사용한다.
(자발: 저절로 드는 생각이나 감정)

● 의지

・こんなミスをした以上、責任を取らせずにはおかない。
이런 실수를 한 이상 책임을 묻지 않을 수가 없다.
(반드시 책임을 지게 할 것이다.)

・人を苦しめた者がどうなるか後悔させずにはおかないつもりだ。
남을 괴롭힌 자가 어떻게 될지 후회할 수밖에 없게 할 작정이다.
(반드시 후회하게 할 것이다.)

● 자발적 상황

・大きな地震が続いたことが国民を不安にさせずにはおかないだろう。
큰 지진이 계속된 것이 국민을 불안하게 만들 것이다.

・二人が戦う試合は観客を興奮させずにはおかないだろう。
두 사람이 겨루는 시합은 관객을 흥분하게 만들 것이다.

だけあって

~인 만큼, ~였던 만큼 (그만한 가치가 있어서)

노력과 재능, 지위, 경험 등에 어울리는 결과나 특징에 대해 감탄하거나 칭찬할 때 쓰는 표현이다. 「〜だけのことはある」,「〜だけある」라는 형태로 문장 끝에 올 수도 있는데, '~할 만큼의 가치가 있다(값어치를 한다), ~답다' 정도로 해석할 수 있다.

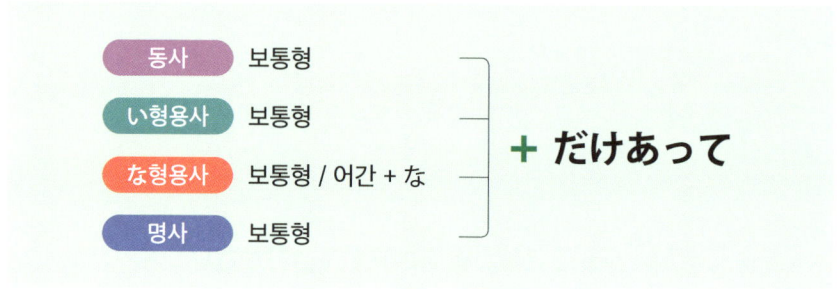

- あの子は海辺で育っただけあって水泳が得意だ。
  저 아이는 바닷가에서 자란 만큼 수영을 잘한다.

- 若いだけあって一晩寝ただけで疲れが取れたようだ。
  젊은 만큼 하룻밤 자기만 하면 피로가 풀린 것 같다.

- 今回が最後の機会で必死なだけあって目つきが違う。
  이번에 마지막 기회로 필사적인 만큼 눈빛이 다르다.

- やはり高級ホテルだけあって小さな備品にも気を使っている。
  역시 고급 호텔인 만큼 작은 비품에도 신경을 쓰고 있다.

- 小さな備品にも気を使っていて、やはり高級ホテルだけのことはある。 작은 비품에도 신경을 쓰고 있고, 역시 고급 호텔 값을 한다. (고급 호텔답다.)

함께 알아 두기

~だけあって vs ~だけに

이 두 표현의 의미는 비슷하지만, 뉘앙스에 약간 차이가 있다. 「~だけあって ~인(였던) 만큼」가 경험이나 노력 등을 인정하고 뒤에 서술되는 결과를 칭찬하는 표현이라면, 「~だけに ~인(였던) 만큼, ~이기 때문에」는 '어떠한 이유, 조건 등으로 당연히 이런 결과가 나온다'고 설명하거나 평가할 때 쓰는 표현이다.

・田中さんは韓国に留学していただけあって韓国語が上手だ。
다나카 씨는 한국에 유학했기 때문에 한국어를 잘한다.

・彼は学校の先生だけあって難しい話を分かりやすく話す。
그는 학교 선생님인 만큼 어려운 이야기를 알기 쉽게 말한다.

・進学校として有名なだけあって全国から学生が集まる。
진학교로서 유명한 만큼 전국에서 학생들이 모인다.

・田中さんは大阪に5年住んでいただけに大阪弁を自然に話す。
다나카 씨는 오사카에 5년 살았던 만큼(살았기 때문에) 오사카 사투리를 자연스럽게 말한다.

・彼女はモデルだけに背が高い。
그녀는 모델인 만큼(모델이라) 키가 크다.

・ドライバーとして経験が長いだけにどんな道も良く知っている。
드라이버로서 경험이 긴 만큼(길기 때문에) 어떤 길이라도 잘 알고 있다.

っこない
~일 리가 없다, ~할 리가 없다

「〜はずがない」,「〜わけがない」와 비슷한 의미로, 가능성이 희박할 때 쓰는 표현이다. 허물없는 관계에서 사용하는 표현이기 때문에 윗사람에게 쓰면 실례가 될 수도 있다. 단, 친한 사이라면 문장 끝을 「〜っこありません」,「〜っこないです」 등과 같이 정중체로 표현하여 쓸 수 있다.

동사 ます형 **+** っこない

- この仕事を今日中に終わらせるなんてできっこない。
  이 일을 오늘 안으로 모두 끝낸다니 할 수 있을 리가 없다.

- ここに隠しておけば絶対に分かりっこないよ。
  여기에 숨겨 놓으면 절대로 알 리가 없어. (모를 거야.)

- ラーメンを30分で5杯も食べられっこないでしょう。
  라면을 30분에 다섯 그릇이나 먹을 수 있을 리가 없죠.

- 宝くじなんて当たりっこないから一度も買ったことがない。
  복권 따위 당첨될 리 없어서 한 번도 사 본 적이 없다.

- いつも遅刻する彼がそんなに朝早く来られっこありません。
  항상 지각하는 그가 그렇게 아침 일찍 올 수 있을 리가 없어요.

- 東京から富士山が見えっこないと思ったが見た人がいるそうだ。
  도쿄에서 후지산이 보일 리가 없다고 생각했지만 본 사람이 있다고 한다.

> **함께 알아 두기**

～っこない VS ～はずがない VS ～わけがない

세 표현 모두 '~일 리가 없다, ~할 리가 없다'라는 의미로, 가능성을 부정하는 표현이지만, 「～っこない」는 손윗사람이나 격식을 차리는 경우에는 쓰지 않는다. 「～はずがない」와 「～わけがない」는 거의 비슷하여 서로 대체해서 사용할 수 있다.

- いくら酒に酔っていてもそんなひどいことを言うはずがない。
  아무리 술에 취해도 그런 심한 말을 할 리가 없다.

- よく説得すれば私たちの主張に共感しないはずがありません。
  잘 설득하면 우리의 주장에 공감하지 않을 리가 없습니다.

- あんなに約束したのに「来られない」だなんて、そんなはずがない。
  그렇게 약속했는데도 못 온다니, 그럴 리가 없다.

- 今は5月だからいくら寒くても雪が降るわけがない。
  지금은 5월이라 아무리 춥더라도 눈이 내릴 리가 없다.

- どう考えても新幹線よりバスが速いわけがないでしょう。
  아무리 생각해도 신칸센보다 버스가 더 빠를 리가 없지요.

- 中学からずっと同級生だったのに私を知らないわけがありません。
  중학교 때부터 계속 동창생이었는데 저를 모를 리가 없습니다.

つつ

~하면서(도) [역접 · 동시 진행]

약간 예스러운 표현이기 때문에 회화에서는 「～ながら ~면서」를 더 많이 사용한다.

동사 ます형 **+** つつ

역접

- タバコを止めようと思いつつなかなか止められない。
  담배를 끊으려고 생각하면서도 좀처럼 끊을 수 없다.
- 大雨だったので悪いと知りつつ近くにあった誰かの傘をさして帰った。
  폭우였기 때문에, 나쁘다는 것을 알면서도 근처에 있던 누군가의 우산을 쓰고 귀가했다.
- 泣いてはいけないと思いつつ涙が止まらなかった。
  울면 안 된다고 생각하면서도 눈물이 멈추지 않았다.

동시 진행

- 山道を二人で歩きつついろいろなことを話した。
  산길을 둘이서 걸으면서 이런저런 것을 이야기했다.
- 眠れない夜を過ごしつつあの人の帰りを待った。
  잠 못 이루는 밤을 보내면서 그 사람이 돌아오기를 기다렸다.
- 私たちはけんかしつつも仲のいい友達だった。
  우리는 싸우면서도 사이 좋은 친구였다.

함께 알아 두기

〜つつある

「〜つつある」가 명사 앞에 올 경우에는 '~하고 있는'이라는 의미가 되고, 문장 끝에 올 경우에는 '점점 ~하고 있다'라는 의미가 된다.

- 温暖化で今も溶けつつある北極の氷を見ると胸が痛い。
  온난화로 인해 지금도 녹아내리고 있는 북극의 얼음을 보면 가슴이 아프다.

- 台風が近づきつつあるという天気予報を聞いて旅行は中止にした。
  태풍이 다가오고 있다는 일기 예보를 듣고 여행은 중지하기로 했다.

- 複雑に動きつつある経済動向を予測するのは難しい。
  복잡하게 움직이고 있는 경제 동향을 예측하기는 어렵다.

- 成長しつつある子供の姿を見ると親として喜びを感じる。
  성장하고 있는 자식의 모습을 보니 부모로서 기쁨을 느낀다.

- インドの人口は中国を抜いて今も増えつつある。
  인도의 인구는 중국을 앞지르고 지금도 계속 증가하고 있다.

- 昔は売上日本一の店だったが今は経営が傾きつつある。
  옛날에는 매출이 일본에서 제일 좋았던 가게였지만 지금은 경영이 기울어 가고 있다.

っぱなし

계속 ~한 채, ~인 채

어떤 동작이나 상태가 중단되지 않고 계속되고 있음을 나타낸다. 당연히 해야 할 일을 하지 않았다고 비판하거나 후회하는 뉘앙스이다.

동사 ます형 **+** っぱなし

- エアコンをつけっぱなしで寝たら風邪を引きます。
  에어컨을 켠 채로 자면 감기에 걸립니다.

- おもちゃで遊んだら出しっぱなしにしないで片づけなさい。
  장난감으로 놀았으면 꺼낸 채로 두지 말고 정리 좀 하렴.

- この仕事はずっと立ちっぱなしでしなくてはならないから大変だ。
  이 일은 계속 선 채로 하지 않으면 안 되기 때문에(서서 해야 해서) 힘들다.

- 台風のあと、倒れっぱなしだった街路樹がようやく片づけられた。
  태풍이 지나간 후 쓰러진 채 있었던 가로수가 드디어 치워졌다.

- 畳の上に1時間座りっぱなしでいたら立てなくなった。
  다다미 위에 한 시간 동안 계속 앉아 있었더니 일어날 수 없게 되었다.

- 子供は学校から帰ると玄関にかばんを置きっぱなしで出ていった。
  아이는 학교에서 들어오더니 현관에 가방을 놔둔 채로 나갔다.

> **함께 알아 두기**

～っぱなし VS ～たまま

「～っぱなし」는 부정적인 이미지가 강하고 허물없는 관계에서 쓰는 표현이기 때문에 격식을 갖춰야 하는 자리에서는 「～たまま ~한 채」로 대체해서 사용하는 것이 좋다. 앞서 제시된 예문은 모두 「～たまま」 형태로 바꿀 수 있다. 접속은 동사 た형에 「まま」를 붙이면 된다.

つけっぱなしで	=	つけたままで 켠 채로
出(だ)しっぱなしに	=	出(だ)したままに 꺼낸 채로
立(た)ちっぱなしで	=	立(た)ったままで 선 채로
倒(たお)れっぱなしだった	=	倒(たお)れたままだった 쓰러진 채였던
座(すわ)りっぱなしで	=	座(すわ)ったままで 앉은 채로
置(お)きっぱなしで	=	置(お)いたままで 놔둔 채로

- 梅雨(つゆ)の季節(きせつ)はかばんに傘(かさ)を**入(い)れっぱなしで**出(で)かけます。
  장마철에는 가방에 우산을 넣은 채로 외출합니다.
  = 傘(かさ)を入(い)れたままで

- 鍋(なべ)を火(ひ)に**かけっぱなし**で掃除(そうじ)している間(あいだ)に焦(こ)がしてしまった。
  냄비를 불에 올려 놓은 채로 청소하는 동안에 태워 버렸다.
  = 火(ひ)にかけたままで

- 部屋(へや)の中(なか)に服(ふく)を**脱(ぬ)ぎっぱなし**にしておくのは見苦(みぐる)しい。
  방 안에 옷을 벗은 채로 놔두는 것은 보기 흉하다.
  = 服(ふく)を脱(ぬ)いだままに

っぽい

~같은 느낌이 든다, 자주 ~한다, ~계통의

'~와 같은 경향이 있다', '자꾸(자주) ~한다'라는 의미로, 사물이나 사람의 성질에 대해 사용하며 주로 부정적인 내용이 많다.

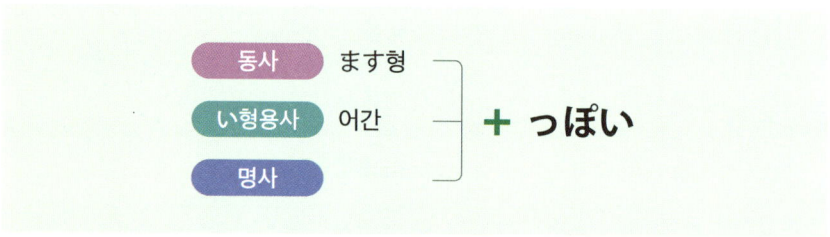

- この頃、忘れっぽくなって困ります。
  요즘 자꾸 잊어버리게 돼서 곤란합니다.

- 父は歳を取ってだんだん怒りっぽくなったようです。
  아버지는 나이가 들면서 점점 화를 잘 내는 것 같아요.

- このかばんはデパートで買ったのに安っぽく見える。
  이 가방은 백화점에서 샀는데도 싸구려로 보인다.

- 冬は黒っぽい服を着る人が多い。
  겨울에는 거무스름한(검은색 계통의) 옷을 입는 사람이 많다.

- 今度のパーティには大人っぽいドレスを着て行きたい。
  이번 파티에는 어른스러운 드레스를 입고 가고 싶다.

- なんだか朝から熱っぽくて風邪を引いたのかもしれない。
  왠지 아침부터 열 기운이 있는데 감기에 걸렸을지도 모른다.

> **함께 알아 두기**

「〜っぽい」가 들어간 표현을 좀 더 살펴보자. 함께 쓸 수 있는 말이 한정되어 있으므로 단어로서 기억해 두는 것이 좋다.

- 彼は何かに夢中になりやすいが、すぐ変わる飽きっぽい性格だ。
  그는 무언가에 쉽게 빠지지만 금방 변하는, 싫증을 잘 내는 성격이다.

- まだ洗濯物が乾いていなくて湿っぽい。
  아직 빨래가 마르지 않아서 축축하다.

- 朝から体が熱っぽくて風邪を引いたみたいです。
  아침부터 몸이 열이 나는 듯한데 감기에 걸린 것 같아요.

- スープが水っぽくてあまりおいしくありません。
  국물이 싱거워서 별로 맛이 없습니다.

- 彼の子供っぽい行動にはいつもハラハラします。
  그의 유치한 행동에는 항상 조마조마합니다.

● 젊은 사람들 사이에서는 종전에 없었던 단어에「〜ぽい」를 붙여 표현하는 경우도 많은데 되도록 남발하지 않는 것이 좋다.

嘘っぽい 거짓말 같다   無理っぽい 무리인 것 같다

遅れたっぽい 늦은 것 같다   騙されたっぽい 속은 것 같다

ていらい
~한 이후

어떤 행동을 한 이후 그 상태가 계속되었거나 계속되고 있음을 나타낼 때 사용한다.

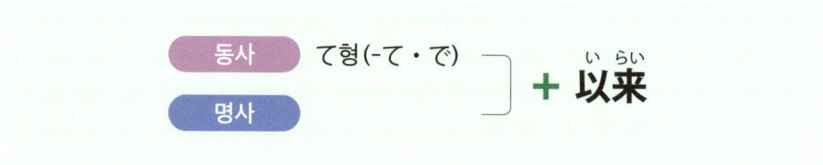

- 去年の同窓会で会って以来久しぶりに友達に会った。
  작년에 동창회에서 만난 이후 오랜만에 친구를 만났다.

- 銀行で貯金を始めて以来、一度もお金をおろしたことがない。
  은행에서 저금을 시작한 이후에 한 번도 (그) 돈을 찾은 적이 없다.

- 文を書くのは中学校の読書感想文を書いて以来です。
  글을 쓰는 것은 중학교 독후감을 쓴 이후 처음입니다.

- 退院以来ずっと家にいて今日1か月ぶりに外出しました。
  퇴원 이후 쭉 집에 있다가 오늘 한 달 만에 외출했습니다.

- 彼女とはあの日以来一度も口を利かず顔を見ることも避けていた。
  그녀와는 그날 이 후 한 번도 이야기를 하지 않고 얼굴을 보는 것도 피하고 있었다.

- 3年前の正月以来、家族で一緒に旅行するのは久しぶりだ。
  3년 전 정월 이후, 가족끼리 함께 여행하는 것은 오랜만이다.

> **함께 알아 두기**

～て以来 VS ～てから VS ～た後

세 표현 모두 어떤 일이 일어난 후의 내용을 나타낸다. 동일한 의미로 사용되는 경우도 있지만,「～て以来」뒤에는 일회성으로 끝나는 내용은 오지 않으며, 일정 기간 상태가 지속되고 있거나 지속되었다는 내용이 이어져야 자연스럽다.

- 先月末に雨が**降って以来**、今日で3週間雨が降っていない。
  지난달 말에 비가 내린 이래, 오늘로 3주간 비가 오지 않고 있다.

- 先月末に雨が**降ってから**3週間雨が降っていない。
  지난달 말에 비가 내리고 나서 3주간 비가 오지 않고 있다.

- 先月末に雨が**降った後**、3週間雨が降っていない。
  지난달 말에 비가 내린 후, 3주간 비가 오지 않고 있다.

✗ 病院に入院以来、学校を休みました。
→ 病院に**入院以来**、学校を**休んでいます**。
　병원에 입원한 이래, 학교를 쉬고 있습니다.

✗ さっきご飯を食べて以来まだ2時間も経っていない。
→ さっきご飯を**食べてから**まだ2時間も経っていない。
　아까 밥을 먹고 나서 두 시간도 지나지 않았다.

ている

~했다 [경험·경력]

진행이나 상태의 지속을 의미하는 「〜ている」와는 다른 용법으로, 여기서는 과거의 경험이나 경력 등을 나타낼 때 쓰는 표현이다.

동사 て형(-て・で) ＋ いる

- 彼は高校の時アメリカに行って、大学もニューヨークで卒業しています。 그는 고등학생 때 미국으로 가서 대학도 뉴욕에서 졸업했습니다.

- 彼は田舎で農業の経験を積んでいるから果物栽培も難しくない。
  그는 시골에서 농사 경험을 쌓았기 때문에 과일 재배도 어렵지 않다.

- 1990年に大阪で花の博覧会を開いていますから今度の博覧会が3回目です。
  1990년에 오사카에서 꽃 박람회를 개최했기 때문에 이번 박람회가 세 번째입니다.

- 山田さんは5年前に引っ越していてこの町にはいない。
  야마다 씨는 5년 전에 이사를 가서 이 마을에는 없다.

- A もしもし、田中と申しますが、石川さんをお願いします。
  여보세요, 다나카라고 하는데요. 이시카와 씨를 부탁드립니다.
  B 申し訳ございません。石川は先月退職していましてこちらにはおりません。 죄송합니다. 이시카와는 지난달 퇴직해서 이곳에는 없습니다.

てこそ

~해야만, ~해야 비로소

'어떤 것을 실행하고 나서야 비로소 알게 된다, 깨닫게 된다, 좋은 결과를 얻게 된다'는 내용을 표현할 때 사용한다. 본래 「～こそ ~(이)야말로」는 명사를 강조하는 말이지만 동사 て형에 연결하면 그 동작을 강조하는 의미를 갖게 된다.

동사 て형(-て・で) **+ こそ**

- 外国語はその国に行ってこそ聞き取りや会話の力がつく。
  외국어는 그 나라에 가야 비로소 청취나 회화 능력을 키울 수 있다.

- 野菜や果物はそれぞれ旬に食べてこそ本当のおいしさが分かる。
  야채나 과일은 각각 제철에 먹어야 참맛을 알 수 있다.

- 子供たちは自由な雰囲気の中で育ってこそ個性を伸ばせる。
  아이들은 자유로운 분위기 속에서 자라야만 개성을 키울 수 있다.

- オペラはイタリア語で歌ってこそ聞く人の心に響く。
  오페라는 이탈리아어로 불러야만 듣는 사람의 마음에 와닿는다.

- こちらが相手を信頼してこそ相手も自分を信頼するだろう。
  이쪽이(내가) 상대방을 신뢰해야 상대방도 자신을(나를) 신뢰해 줄 것이다.

- 専門職は資格を持っていてこそ業務につくことができる。
  전문직은 자격(증)을 가지고 있어야 업무에 종사할 수 있다.

함께 알아 두기

「〜てこそ」 외에도 「〜ばこそ ~이기에, ~이기 때문에」, 「〜からこそ ~이니까, ~이기 때문에」라는 형태의 문형도 있다. '다른 이유가 아니라 이런 이유로'라고 강조할 때 쓰는 문장체 표현이다.

- 生きていればこそ喜びも悲しみも味わえる。
  살아 있기에 기쁨도 슬픔도 맛볼 수 있다.

- 将来を思えばこそ今は我慢が必要です。
  장래를 생각하기 때문에 지금은 인내가 필요합니다.

- この計画に自信があればこそ他の人にも協力をお願いしています。
  이 계획에 자신이 있기 때문에 다른 사람에게도 협력을 부탁하고 있습니다.

- 健康であればこそ何でも挑戦できるのです。
  건강하기 때문에 무엇이든 도전할 수 있는 것입니다.

- 過去を知るからこそより良い未来のために行動できる。
  과거를 알기 때문에 보다 나은 미래를 위해 행동할 수 있다.

- 失敗をしたからこそ成長できたのかもしれません。
  실패를 했기 때문에 성장했을지도 모릅니다.

- 子供がかわいいからこそ、厳しく指導するんです。
  자식이 귀엽기 때문에 엄격하게 지도하는 것입니다.

- あなただからこそできることはたくさんあります。
  당신이기 때문에 할 수 있는 일은 많이 있습니다.

확인 문제   JLPT 문법_ 문법형식 판단 유형

다음 문장의 (　　)에 넣기에 가장 적당한 것을 1·2·3·4에서 하나 고르세요.

1 いつまでも来ないタクシーを(　　)もっと早く帰ればよかった。
　1　待つとすれば　　　　2　待ってよければ
　3　待つくらいなら　　　4　待つほどだから

2 海も穏やかな(　　)泳ぐのには最高ですね。
　1　ことでも　　2　ことなら　　3　ことには　　4　ことだし

3 商品が入り(　　)すぐにご連絡します。
　1　しだい　　2　いらい　　3　はじめ　　4　ついで

4 何度も書き直した(　　)送った原稿が雑誌に載せられた。
　1　はてに　　2　すえに　　3　うえに　　4　だけに

5 あの人は車の(　　)目の色を変えて話し始めます。
　1　ものだから　　　　2　ものであれば
　3　ことにあたって　　4　こととなると

어휘

商品 상품　　何度も 몇 번이나, 몇 번이고　　書き直す 다시 (고쳐) 쓰다　　原稿 원고
載せる 싣다, 게재하다　　載せられる 실리다, 게재되다

6 素晴らしい景色だったので写真を(　　　)。
   1 撮るわけにいかなかった
   2 撮らずにはいられなかった
   3 撮らないことはなかった
   4 撮るつもりではなかった

7 雨の夜、ワインを飲み(　　　)音楽を聴くのは最高の時間だ。
   1 ほど　　2 まま　　3 つつ　　4 かけ

8 きれいだけど汚れが目立つから白(　　　)服はやめた方がいいよ。
   1 じみた　　2 くさい　　3 っこい　　4 っぽい

9 おばあさんは入院して(　　　)ずいぶんやせたようです。
   1 以来　　2 以前　　3 以上　　4 以外

10 いい点数をとるためには毎日復習(　　　)。
   1 するようです　　　　2 するからです
   3 することです　　　　4 するためです

汚れ 더러움, 오염　　目立つ 눈에 띄다, 두드러지다　　点数 점수　　復習 복습

확인 문제　JLPT 문법_ 문장 만들기 유형

다음 문장의 ★ 에 들어가기에 가장 적당한 것을 1·2·3·4에서 하나 고르세요.

1　老人は ＿＿＿ ＿＿＿ ★ ＿＿＿ ベンチに座った。

　　1　呼吸　　　2　に　　　3　苦しげ　　　4　しながら

2　担当者が ＿＿＿ ＿＿＿ ★ ＿＿＿ ことは分からない。

　　1　の　　　2　いて　　　3　5年前　　　4　代わって

3　雨に気づかなくてせっかく ＿＿＿ ＿＿＿ ★ ＿＿＿ しまいました。

　　1　かわいた　　　2　ぬれ　　　3　させて　　　4　服を

4　ここなら ＿＿＿ ＿＿＿ ★ ＿＿＿ 秘密の箱を開けてみよう。

　　1　から　　　　　　　　2　にも
　　3　誰　　　　　　　　　4　見られっこない

5　この事実はリーダーに ＿＿＿ ＿＿＿ ★ ＿＿＿ も伝わる。

　　1　こそ　　　2　人に　　　3　他の　　　4　伝えて

어휘

呼吸 호흡　代わる 바뀌다, 대신하다　気づく 깨닫다, 알아차리다, 생각나다
せっかく 모처럼, 애써　秘密 비밀　箱 상자　事実 사실　伝わる 전해지다

6 うちの犬は ＿＿ ＿＿ ★ ＿＿ 雪の中でも平気で遊んでいる。

　　1　つよい　　2　あって　　3　寒さに　　4　だけ

7 バスが ＿＿ ＿＿ ★ ＿＿ もう少し待ってみよう。

　　1　歩かざるを　2　来なければ　3　が　　4　得ない

8 コンサートが終わった ＿＿ ＿＿ ★ ＿＿ もう一度歌が聞けることもある。

　　1　大きさ　　2　後　　3　次第で　　4　拍手の

9 窓を ＿＿ ＿＿ ★ ＿＿ 外から虫が入って来た。

　　1　出かけ　　　　　2　で
　　3　たら　　　　　　4　開けっぱなし

10 昨日交通事故が ＿＿ ＿＿ ★ ＿＿ ニュースを聞いた。

　　1　つつ　　2　ある　　3　減り　　4　という

平気で 태연하게, 아무렇지도 않게　　拍手 박수　　減る 줄다, 줄어들다, 적어지다

てでも
~해서라도

'어떤 일을 실현하기 위해 무슨 수를 써서라도 반드시 해내겠다'고 하는 강력한 의지를 나타내는 표현이다.

동사 て형(-て・で) **+** でも

- お金を借りてでも車を買いたい。
  돈을 빌려서라도 차를 사고 싶다.

- 多少無理してでも痩せたい。
  다소 무리해서라도 살을 빼고 싶다.

- この店のラーメンは1時間並んででも食べてみるべきだ。
  이 집의 라면은 한 시간 줄을 서서라도 먹어 봐야 한다.

- 電車やバスが動かなければ歩いてでも帰ります。
  전철이나 버스가 운행하지 않는다면 걸어서라도 돌아가겠습니다.

- 今回は特別予算を投入してでも必ず成功させたい。
  이번에는 특별 예산을 투입해서라도 반드시 성공시키고 싶다.

- 来年の計画を変更してでもこの事業に全てをかけるつもりだ。
  내년의 계획을 변경해서라도 이 사업에 모든 것을 걸 생각이다.

함께 알아 두기

～てでも vs ～ても

「～てでも ~해서라도」와 「～ても ~해도, ~하더라도」는 형태는 비슷하나 뉘앙스는 다르다. 「～てでも」는 극단적인 행동을 예시하고 뒤에 희망이나 의무 등의 내용을 서술하며 동사에만 쓸 수 있다. 이에 비해 「～ても」는 단순한 가정을 나타낸다. 예문을 통해 비교해 보자.

- 両親が反対するなら家を出てでも彼女と結婚する。
  부모님이 반대한다면 집을 나가서라도 그녀와 결혼하겠다.

- 徹夜してでもこのレポートを完成しなければならない。
  밤을 새워서라도 이 리포트를 완성해야만 한다.

- 昔、背比べの時、背伸びしてでも弟より高くなろうとした。
  옛날에 키 재기할 때, 발돋음해서라도 남동생보다 커지려고 했다.

- 友達を裏切ってでも目的を達しようとした自分が恥ずかしい。
  친구를 배신해서라도 목적을 이루려고 한 자신이 부끄럽다.

- 家にいてもインターネットで買い物はできる。
  집에 있어도 인터넷으로 쇼핑은 할 수 있다.

- 彼は答えを知っていても簡単に教えてくれない。
  그는 답을 알고 있어도 쉽게 가르쳐 주지 않는다.

- どんなに暑くてもエアコンは使いません。
  아무리 더워도 에어컨은 쓰지 않습니다.

- その建物は立派でも住むのには不便です。
  그 건물은 훌륭해도 살기에는 불편합니다.

ては

~하고는, ~하고 나서는

일정 시간을 두고 동작이 반복되는 것을 나타내는 표현이다.

> 동사　て형(-て・で) ＋ は

- 林さん、朝から電話しては頭を下げているけど何かミスをしたのかな。 하야시 씨는 아침부터 전화하고는 고개를 숙이고 있는데 뭔가 실수를 한 건가?

- 電話をかけようとしてはやめる彼には何か事情がありそうだ。
전화를 걸려다가 그만두는 그에게는 뭔가 사정이 있는 것 같다.

- 子供でも毎月貯金してはちゃんとノートにつけている。
어린아이라도 매달 저금하고는 꼼꼼하게 노트에 기록하고 있다.

- お母さんは友達に愚痴をこぼしてはストレスを解消している。
엄마는 친구에게 푸념하고는 스트레스를 해소하고(풀고) 있다.

- 父はさっきからテレビのチャンネルを変えてはニュースを比べている。 아버지는 아까부터 TV 채널을 바꾸고는 뉴스를 비교하고 있다.

> **함께 알아 두기**

동사 + ては + 동사, 동사 + ては + 동사

두 개의 동사를 반복하여 동작이나 현상이 번갈아 일어나는 것을 나타낼 수 있다.

- 老人は足が痛いのか少し**歩いては休み**、また**歩いては休んでいます**。
  노인은 다리가 아픈지 조금 걷다가 쉬다가, 다시 걷다가 쉬다가 하고 있습니다.

- 彼はさっきから机に向かって何か**書いては消し、消してはまた書いている**。
  그는 아까부터 책상 앞에 앉아서 뭔가 쓰다가 지우고, 지우다가 다시 쓰고 있다.
  (썼다 지웠다를 반복하고 있다.)

- 連休の間、どこにも行かないで**食べては寝、飲んでは寝ていたから**太った。 연휴 동안 아무 데도 안 가고 먹고 자고, 마시고 자고 했더니 살이 쪘다.

- 彼はお酒が弱いのに**飲んでは吐き、吐いてはまた飲んでいる**。
  그는 술에 약한데도 마시고는 토하고, 토하고는 또 마시고 있다.

- 映画は**逃げては追い、追っては逃げる**追撃戦をやっていた。
  영화는 달아나면 쫓고, 쫓아가면 달아나는 추격전을 벌이고 있었다.

- パーティーで何を着るか**着ては脱ぎ、着ては脱ぎで**決めかねている。
  파티에서 무엇을 입을지 입고 벗고를 반복하면서 정하지 못하고 있다.

- さっきからネクタイを**結んではほどく**ことを何回もしている。
  아까부터 넥타이를 매고 푸는 일을 몇 번이나 반복하고 있다.

てはかなわない

~하면 견딜 수 없다, ~하면 곤란하다

「かなわない」는 '이길 수 없다, 감당 못하다'라는 뜻으로, 어떤 상태에 대해 '이대로라면 견딜 수가 없다'는 불평불만을 호소하는 표현이다. 혼잣말로 탄식하는 뉘앙스가 있다.

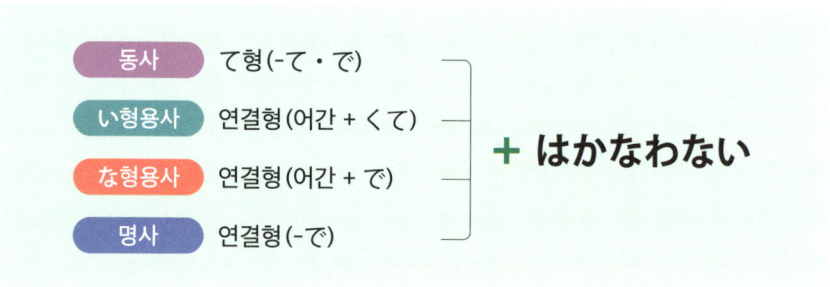

- いつも出張するたびに報告書を書かされてはかなわない。
  항상 출장 갈 때마다 보고서를 쓰게 하면 견딜 수 없다.

- 夏休みの前にこんなに忙しくてはかなわない。
  여름 휴가 전에 이렇게 바쁘면 견디기 힘들다.

- タバコの匂いは吸う人でも臭くてかなわないと言います。
  담배 냄새는 흡연자라도 냄새가 고약해서 견딜 수 없다고 합니다.

- この機械のセンサーがこんなに敏感ではかなわない。
  이 기계의 센서가 이렇게 민감해서는 곤란하다.

- 病院の食事だといっても三食おかゆではかないません。
  병원 식사라고 해도 세 끼 (모두) 죽이라면 못 견딥니다.

함께 알아 두기

회화에서는 「〜ては」를 「〜ちゃ」, 「〜では」를 「〜じゃ」로 바꿔서 표현하기도 한다.

- 毎日こう宿題が出されちゃかなわないね。
  매일 이렇게 숙제가 나온다면 못 견디지.

- 何もしてないのに外国人だからって疑われちゃかなわない。
  아무것도 하지 않았는데 외국인이라는 것만으로 의심받으면 견딜 수 없다.

- 手続きがこんなに面倒くさくちゃかないませんね。
  절차가 이렇게 번거로워서는 못 견디겠네요.

- 警戒がそんなに厳重じゃかなわない。
  경계가 그렇게 삼엄해서는 견딜 수 없다.

- A 今度行くテーマパークは臨時休館らしいです。
  이번에 가는 테마파크는 임시 휴관인 것 같아요.

  B せっかく行くのに休みじゃかないませんね。
  모처럼 가는데 휴관이라면 곤란하네요.

- A 最近の新入社員は時間の管理ができなくてよく遅刻します。
  요즘 신입 사원들은 시간 관리를 못해서 자꾸 지각해요.

  B そんなだらしないんじゃかないませんね。
  (だらしないのでは → だらしないんじゃ)
  그렇게 야무지지 못해서야(나사가 빠져서야) 곤란하죠.

てほしいものだ

~하기를 바란다, ~해 주었으면 좋겠다

다른 사람에 대한 기대나 희망을 나타내는 표현이다. 단, 상대에게 직접적으로 요구하는 것이 아니라, 상대가 자신에게 이로운 행동을 해 주길 바라는 마음을 나타낼 때 쓴다. 이 외에도 자연이나 상황이 개선되길 기대할 경우에도 사용한다.

동사 て형(-て・で / -ないで) **+ ほしいものだ**

- ご飯が冷めないうちに早く帰ってきてほしいものだ。
 밥이 식기 전에 빨리 돌아왔으면 좋겠다.

- 一人では不安だから先輩に一緒にいてほしいものだ。
 혼자서는 불안하니까 선배가 같이 있어 주었으면 좋겠다.

- 川の水があふれるので雨はこれ以上降らないでほしいものだ。
 강물이 넘치니 비는 더 이상 오지 않았으면 좋겠다.

- 弟のけがが今より悪くならないでほしいものです。
 남동생의 부상이 지금보다 나빠지지 않았으면 좋겠습니다.

- 体を壊すからもうお酒は飲まないでほしいものです。
 몸을 해치니까 더 이상 술은 마시지 않았으면 좋겠습니다.

함께 알아 두기

회화에서는「もの」을「もん」으로 바꿔서「～てほしいもんだ」라고 표현하기도 한다.

- この前飲みすぎて失敗したことは早く忘れてほしいもんです。
  일전에 과음해서 실수한 것은 빨리 잊어 주었으면 해요.

- 今年の冬は寒かったからもう春になってほしいもんだ。
  올 겨울은 너무 추웠기 때문에 이제 봄이 됐으면 좋겠다.

- 今の値段の半分ぐらいの電気自動車ができてほしいもんです。
  지금의 가격의 절반 정도의 전기 자동차가 생겼으면 좋겠어요.

- 新しいケータイは操作が簡単になってほしいもんです。
  새로운 휴대폰은 조작이 간단해졌으면 좋겠습니다.

- A おじいさんはお元気ですか。
  할아버지는 안녕하십니까?
  B ええ、これからも元気でいてほしいもんです。
  네. 앞으로도 건강하게 계셨으면 좋겠어요.

- A お子さんのことで困っていることはありませんか。
  자녀분 일로(자녀분에 관해) 어려운 일은 없으신가요?
  B そうですね。夜中に泣かないでほしいもんです。
  글쎄요. 밤중에 울지 않았으면 좋겠어요.

045

てまで
~해서까지

극단적인 상황이나 행동을 예시로 들면서 '이 정도까지 해서'라고 말할 때 사용한다.

동사 て형(-て・で) **+** まで

- 彼は家族や友人を失ってまで研究に熱中した。
  그는 가족과 친구를 잃으면서까지 연구에 열중했다.

- 健康を犠牲にしてまでダイエットするのは意味がない。
  건강을 희생하면서(해치면서)까지 다이어트하는 것은 의미가 없다.

- 寝る時間を削ってまで勉強したのに試験の結果は最悪だった。
  자는 시간을 줄이면서까지 공부했는데 시험 결과는 최악이었다.

- 人を不幸にしてまでお金をもうけたいとは思っていません。
  남을 불행하게 만들면서까지 돈을 벌고 싶은 생각은 없습니다.

- A 出世を諦めてまで自分の店を持ちたいんですか。
  출세를 포기하면서까지 자신의 가게를 갖고 싶은 건가요?
  B 自分がやりたいことをするだけです。
  제가 하고 싶은 일을 할 뿐이에요.

> **함께 알아 두기**

～てまで vs ～てでも

「～てまで ~해서까지」와 「～てでも ~해서라도」는 어떤 행동을 해서라도 실행해 내겠다는 각오와 결의, 희망을 표현한다는 점에서 유사하지만, 「～てまで」는 상대방이나 제3자의 행동에 대해서 말할 때도 자주 쓰인다.

- 飛行機に乗ってまでコンサートに行く人もいます。
  비행기를 타면서까지 콘서트에 가는 사람도 있습니다.

- 昔は自分の進学を諦めてまで兄弟に勉強させたものです。
  옛날에는 자신의 진학을 포기하면서까지 형제에게 공부시키곤 했습니다.

- コーヒーを5杯も飲んでまで寝ないようにするのはなぜですか。
  커피를 다섯 잔이나 마시면서까지 잠을 안 자려고 하는 것은 어째서입니까?

- 胃腸薬を準備してまで無理に辛い物を食べなくてもいいです。
  위장약을(소화제를) 준비하면서까지 무리하게 매운 음식을 먹지 않아도 됩니다.

- 前の日から並んででもこのチケットは買うつもりだ。
  전날부터 줄을 서서라도 이 티켓은 살 작정이다.

- 今通っている学校をやめてでもカナダに留学したいです。
  지금 다니고 있는 학교를 그만두어서라도 캐나다에 유학하고 싶습니다.

- 有給休暇を全部使ってでも今回の旅行に行きたいです。
  유급 휴가(연차)를 전부 써서라도 이번 여행을 가고 싶습니다.

- この事業は何としてでも私の手で成功させる。
  이 사업은 어떻게 해서든 내 손으로 성공시키겠다.

てみせる

~해 보이겠다, ~해 보이고 말겠다

남에게 자신이 도전하고 성공하는 모습을 보여 주겠다고 하는 강한 의지를 나타내는 표현이다.

> 동사　て형(-て・で) ＋ みせる

- 今まで一度も勝てなかった相手だが、今日は必ず勝ってみせる。
  지금까지 한 번도 이기지 못했던 상대이지만 오늘은 반드시 이기고야 말겠다.

- 冬休みの宿題になった本は今週中に全部読んでみせる。
  겨울 방학 숙제가 된 책은 이번 주 안에 다 읽고 말겠다.

- 学生は「この問題は自分一人で解いてみせる」と言った。
  학생은 '이 문제는 나 혼자서 풀고 말겠다'고 했다.

- 僕と結婚してくれるなら君をきっと幸せにしてみせる。
  나와 결혼해 준다면 너를 꼭 행복하게 만들어 줄게.

- 難しくても皆が納得できるような方法で解決してみせます。
  어려워도 모두가 납득할 수 있는 방법으로 해결하고 말겠습니다.

함께 알아 두기

무엇인가를 소개하거나 이해를 돕기 위해 다른 사람 앞에서 시범으로 보여줄 때도 「~てみせる ~해 보이다」를 사용하는데, 전체적인 문맥으로 판단해야 한다.

- ベテランの俳優はたった一人で5人の役を演じてみせた。
베테랑 배우는 혼자서 다섯 명의 역을 연기해 보였다.

- 彼は多くの人の前でロボットを上手に操ってみせました。
그는 많은 사람들 앞에서 로봇을 능숙하게 조종해 보였습니다.

- テコンドーの選手は3ｍもジャンプして板を割ってみせた。
태권도 선수는 3미터나 점프해 나무판을 쪼개 보였다.

- 王様は何も着ていないのにまるで服を着ているように歩いてみせた。
임금님은 아무것도 입지 않았는데 마치 옷을 입은 것처럼 걸어 보였다.

てもさしつかえない

~해도 괜찮다, ~해도 상관없다

어떤 행동에 대해 허가와 승인을 받을 때 쓰는 표현이다.

동사	て형(-て・で)
い형용사	연결형(어간 + くて)
な형용사	연결형(어간 + で)
명사	연결형(-で)

+ もさしつかえない

- ここにある作品は写真に撮ってもさしつかえありません。
  여기에 있는 작품은 사진으로 찍어도 괜찮습니다.

- 会員になれば来月支払ってくださってもさしつかえありません。
  회원이 되면 다음 달에 결제해 주셔도 괜찮습니다.

- 時間は十分にありますからスピーチは長くてもさしつかえありません。 시간은 충분히 있으니 스피치는 길어도 상관없습니다.

- 個人の意見を聞きたいので答えは主観的でもさしつかえありません。
  개인 의견을 듣고 싶기 때문에 대답은 주관적이어도 상관없습니다.

- ハンコがなければサインでもさしつかえありません。
  도장이 없으면 사인이라도 괜찮습니다.

> **함께 알아 두기**

- 비즈니스 등에서 자주 쓰는 표현으로 「さしつかえなければ (혹시) 괜찮다면, 지장이 없다면」가 있는데 함께 기억해 두자.

- **さしつかえなければ**お名刺をいただけますでしょうか。
  괜찮으시다면 명함을 받을 수 있을까요?

- **さしつかえなければ**携帯電話をお預かりします。
  괜찮으시다면 휴대 전화를 보관해 드리겠습니다.

- 「さしつかえない」는 격식을 차릴 때 쓰는 표현이기 때문에 일상적인 대화에서는 「〜てもいい ~해도 된다」, 「〜てもかまわない ~해도 상관없다」 등을 많이 사용한다.

- 家までの地図を**おおざっぱでもいいから**描いてください。
  집까지의 지도(약도)를 대충이라도 좋으니 그려 주세요.

- レポートの提出は**来週でもいいです**。
  리포트 제출은 다음 주라도 괜찮습니다.

- アルバイトの応募はいつ**来てもかまいません**。
  아르바이트 응모는 언제 와도 상관없습니다.

- A 申込書類はファイルで送らなければなりませんか。
  신청 서류는 파일로 보내야 합니까?
  B いいえ、**手書きでもかまいません**。
  아니요, 손으로 쓰셔도 괜찮습니다.

というか～というか

~라고 해야 할지 ~라고 해야 할지

설명하려고 하는 내용에 대해 하나의 표현으로는 부족해 비슷한 다른 말을 들어 말할 때 사용한다.

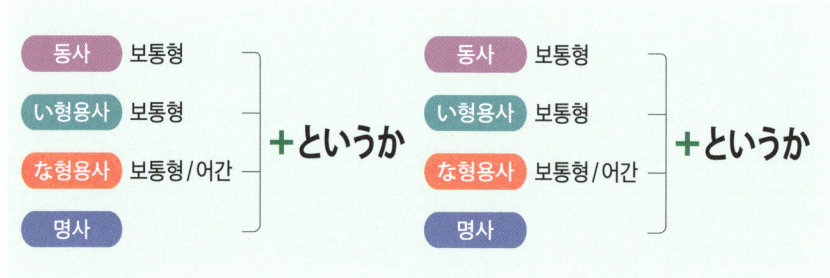

- 彼とは気が合うというか性格が似ているというか、一緒に行動することが多い。
  그와는 마음이 맞다고 할까, 성격이 비슷하다고 할까, 함께 행동하는 일이 많다.

- 若いというか幼いというか、まだ考え方が子供みたいだ。
  젊다고 해야 되나 어리다고 해야 되나 아직 사고방식이 어린애 같다.

- 純粋というか素朴というか、この世に悪い人間はいないと思っているようだ。
  순수하다고 할까 소박하다고 할까, 이 세상에 나쁜 사람은 없다고 생각하는 것 같다.

- 神話というか伝説というか、この村には不思議な話が残されている。
  신화라고 해야 할지, 전설이라고 해야 할지, 이 마을에는 신기한 이야기가 남아 있다.

함께 알아 두기

- 같은 종류의 단어를 반복하는 것 외에도 다양한 유형이 있다.

- 彼は頑固というか何というか、人の言うことをまったく聞かない。
  그는 고집이 세다고 해야 할까, 뭐라고 해야 할까, 남의 말을 전혀 듣지 않는다.

- 私はマイペースというか、他の人に合わせることが苦手だ。
  나는 내 방식대로라고 할까, 다른 사람에게 맞추는 것이 서투르다.

- 私の性格はせっかちというか、よく言えば効率を大事にします。
  제 성격은 급하다고 할까, 좋게 말하면 효율을 중요시합니다.

- あの人は誰にでも親切というか、悪く言えばおせっかいですね。
  저 사람은 누구에게나 친절하다고 할까, 나쁘게 말하면 오지랖이 넓은 거죠.

- 若い人は歴史を知らないというか、そもそも関心がない。
  젊은 사람들은 역사를 모른다고 할까, 애당초 관심이 없다.

- 허물없는 관계에서는 「〜っていうか」라는 형태로 많이 쓴다.

- 規則っていうか約束っていうか、昔からそうなってる。
  규칙이랄까 약속이랄까, 옛날부터 그렇게 되어 있다.

- 父は私にとっては相談相手っていうか、人生の先輩です。
  아버지는 저에게 있어서는 상담 상대랄까 인생의 선배입니다.

というと

~라고 하면

화제로 삼고 있는 내용으로부터 연상되는 것을 말할 때 쓰는 표현이다. 이때 연상되는 내용은 말하는 사람의 주관적인 생각이 될 수도 있고, 많은 사람의 공통된 생각이 될 수도 있다.

- 空港に勤務しているというと華やかな仕事を想像する人が多い。
  공항에서 근무하고 있다고 하면 화려한 일을 상상하는 사람이 많다.

- 丸いというと形のことだと思うがこの言葉は性格についても使う。
  둥글다고 하면 모양을 말한다고 생각하지만 이 말은 성격에 대해서도 쓴다.

- 「巨大」というと昔は東京ドームのことだったが今はどこだろう。
  '거대'라고 하면 옛날에는 도쿄돔을 말했지만 지금은 어디일까?

- 適当というと悪いことのようですが、人間に必要なことでもあります。
  적당하다고 하면 나쁜 것 같지만, 인간에게 필요한 것이기도 합니다.

- 韓国料理というと焼肉をイメージしやすいが実は野菜料理の方が多い。
  한국 요리라고 하면 불고기를 떠올리기 쉽지만 사실 채소 요리가 더 많다.

> **함께 알아 두기**

- 상대방의 말을 받아서 자신의 생각을 확인하거나 질문할 때,「というと～」,「といいますと～」하고 말을 시작할 수도 있다.

- A 鈴木さんもいよいよおばあさんになりました。
  스즈키 씨도 드디어 할머니가 됐어요.
  B **というと、**孫ができたんですね。
  그렇다면(그 말은), 손자가 생겼다는 거군요.

- 유사한 표현으로「～といえば」가 있다. 이야기 도중, 화제에 오른 내용에 대해 '아, 지금 생각났는데~' 하면서 연상되는 것을 덧붙여서 말하거나 어떤 분야나 대상의 대표적인 것을 말할 때 쓴다.

- 山田先生**といえば**、来月結婚されるそうです。
  야마다 선생님, 다음 달에 결혼하신대요.

- 阿部さん**といえば**、今年いっぱいで辞めるそうです。
  아베 씨, 올해 말로 그만둔다고 합니다.

- 温泉**といえば**東は箱根、西は別府温泉が有名です。
  온천이라고 하면, 동쪽은 하코네, 서쪽은 벳부 온천이 유명합니다.

- 秋の味覚**といえば**何といってもマツタケです。
  가을의 미각이라고 하면 뭐니 뭐니 해도 송이버섯입니다.

といった

~라는, ~라고 하는, ~와 같은, ~등의

어떤 사항에 대해 몇 가지 혹은 대표적인 예시를 들 때 사용하는 표현이다. 「〜や 〜といった ~이나 ~와 같은」, 「〜とか 〜といった ~라든가 ~와 같은」 등의 형태도 많이 사용된다.

명사 + といった

- サケやエビといった魚介類は大部分輸入している。
  연어와 새우와 같은 어패류는 대부분 수입하고 있다.

- 引越しを決める時は駅までの時間、買い物の便利さといった条件が重要だ。 이사를 결정할 때는 역까지의 시간, 쇼핑의 편리함 등의 조건이 중요하다.

- 会社で座って仕事をしていると時々ストレッチといった軽い運動が必要です。
  회사에서 앉아서 일을 하고 있으면 가끔 스트레칭과 같은 가벼운 운동이 필요합니다.

- 住民の苦情にはペットの鳴き声といった騒音問題がある。
  주민의 불평 중에는 반려동물의 짖는 소리와 같은 소음 문제가 있다.

- スマホやパソコンといった通信機器が犯罪につながることがある。
  스마트폰이나 컴퓨터와 같은 통신 기기가 범죄에 연결되는 경우가 있다.

> **함께 알아 두기**

일상 회화에서는「〜とか 〜とか ~라든가 ~라든가」를 많이 쓴다.

- 4月とか5月とか暖かい時期に旅行に行く。
  4월이나 5월이나 따뜻한 시기에 여행을 간다.

- 一人の生活は料理するとか買い物するとか面倒なことが多い。
  혼자 생활하면 요리한다든가 장을 본다든가 귀찮은 일이 많다.

- 熱が高いとか咳がひどいとか今年の風邪は悪質です。
  열이 높다든지 기침이 심하다든지 올해 감기는 악질입니다.

- 彼の作品は独創的だとか革新的だとか言われています。
  그의 작품은 독창적이라든가 혁신적이라는 말을 듣고 (평가를 받고) 있습니다.

- 日本語教育課程では教育学とか音声学とか基礎理論の授業が多い。
  일본어 교육 과정에서는 교육학이라든가 음성학이라든가 기초 이론 수업이 많다.

とか

~라던데(요), ~라고 하던데(요)

어디선가 들은 정보를 전달할 때 사용하는 표현이다. '~라고 한다'라는 뜻의 「〜という」,「〜そうだ」,「〜ということだ」보다는 정확성이 떨어지고 불확실한 느낌이 있다.

- 昨日は夜遅くまでお酒を飲んだとか。体に悪いですよ。
  어제는 밤늦게까지 술을 마셨다면서요? 몸에 안 좋아요.

- このレストランは人気があっていつも並んでいるとか。
  이 레스토랑은 인기가 있어서 언제나 줄을 서 있대요.

- 今度できたスーパーはとても安いとか。一緒に行ってみませんか。
  이번에 생긴 슈퍼는 매우 싸다던데요. 같이 가 보지 않을래요?

- 来週公開する日本映画が最高におもしろいとか。
  다음 주에 개봉하는 일본 영화가 최고로 재밌다는데.

- その競技はルールが複雑だとか。それでなかなか普及しません。
  그 경기는 룰이 복잡하다던데요. 그래서 좀처럼 보급되지 않습니다.

- 彼はお父さんがフランス人でお母さんが日本人だとか。
  그는 아버지가 프랑스인이고 어머니가 일본인이래요.

> **함께 알아 두기**

「〜とか」는 허물없는 사이에서 쓰는 표현이므로, 격식을 갖춰야 하는 자리에서는 「〜そうです ~라고 합니다」, 「〜ということです ~라고 합니다」 등의 표현을 사용하는 것이 좋다.

- 今度できたスーパーはとても安いそうです。
  이번에 생긴 슈퍼는 매우 싸다고 합니다.

- この地域は花の生産が盛んだそうです。
  이 지역은 꽃 생산이 활발(번성)하다고 합니다.

- 土曜日は夜12時まで営業するけど日曜日は休みだそうです。
  토요일은 밤 12시까지 영업을 하지만 일요일은 쉰다고 합니다.

- 昨日は夜遅くまでお酒を飲んだということです。
  어제는 밤늦게까지 술을 마셨다고 합니다.

- 事前に予約しなかったために中に入れなかったということです。
  사전에 예약을 하지 않았기 때문에 안으로 들어갈 수 없었다고 합니다.

- 事故が起きたために道路の混雑がひどかったということです。
  사고가 났기 때문에 도로 혼잡이 심했었다고 합니다.

- 天気予報では今週は1週間ずっと晴れだということです。
  일기 예보로는 이번 주는 일주일 내내 날씨가 맑음이라고 합니다.

どころか

~는커녕, ~는 고사하고

기대나 예상과는 다른 결과가 나올 때 사용하는 표현으로, 부정적인 내용을 강조할 때 사용한다. な형용사는 어간 뒤에 「-な」를 붙이기도 하고 생략하기도 한다.

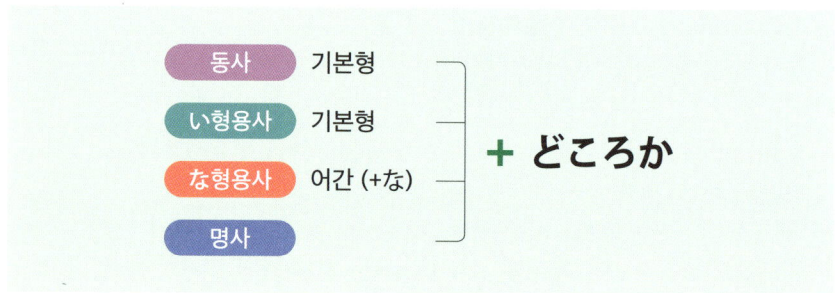

- アルバイトを**するどころか**宿題が多くて他のことは何もできない。
  아르바이트를 하기는커녕 숙제가 많아서 다른 일은 아무것도 못한다.

- タクシーに乗ったが途中事故があって**速いどころか**2時間もかかってしまった。
  택시를 탔는데 도중에 사고가 나서 빠르기는커녕 두 시간이나 걸리고 말았다.

- 図書館は**静かどころか**子供が騒いで本に集中できなかった。
  도서관은 조용하기는커녕 아이들이 떠들어서 책에 집중하지 못했다.

- 事件を伝える記者は**冷静などころか**とても興奮していた。
  사건을 전하는 기자는 냉정하기는커녕 매우 흥분하고 있었다.

- 休みの間、毎日食べてばかりで**ダイエットどころか**5キロも太ってしまった。 쉬는 동안 매일 먹기만 해서 다이어트는커녕 5킬로나 살찌고 말았다.

함께 알아 두기

평균적인 기준이나 기대에 못 미치는 경우, '~는커녕, ~조차(도) 없다'라는 의미로 「〜どころか 〜さえ(も) 〜ない」, 「〜どころか、〜だって 〜ない」라는 표현을 쓸 수 있다.

- 急に体調が悪くなって人に会うどころか外出さえできなくなった。
  갑자기 컨디션이 나빠져서 사람을 만나기는커녕 외출조차 할 수 없게 됐다.

- 部屋の中は涼しいどころか扇風機さえなくてサウナのようだった。
  방 안은 시원하기는커녕 선풍기조차 없어서 사우나와 같았다.

- この国では豊かどころか最低限の生活さえ保障されない。
  이 나라에서는 풍요롭기는커녕 최소한의 생활조차 보장되지 않는다.

- 隣の人は挨拶どころか頭を下げることさえしない。
  옆집 사람은 인사는커녕 고개를 숙이는 것조차 하지 않는다.

- この近くにはスーパーどころかコンビニだってない。
  이 근처에는 슈퍼는커녕 편의점조차 없다.

- 彼はまだ漢字どころかひらがなで名前を書くことだってできない。
  그는 아직 한자는커녕 히라가나로 이름을 쓰는 것조차 못한다.

ところだった

~할 뻔했다

처음 목표한 것에 못 미치거나 좋지 않은 상황에 빠지기 직전일 경우를 나타낸다. 결과적으로는 최악의 상태에서 벗어났지만 앞으로 조심해야 한다는 뉘앙스를 포함하고 있다. 「もう少しで 자칫하면」, 「危うく 하마터면」 등의 부사와 함께 쓰일 때가 많다.

동사 기본형 / 부정형 **+** ところだった

- スマホを見ながら歩いていたらもう少しで人にぶつかるところだった。 스마트폰을 보면서 걸어갔더니 자칫하면 사람과 부딪칠 뻔했다.

- この頃、仕事が忙しくて子供の誕生日を忘れてしまうところだった。
요즘 일이 바빠서 아이의 생일을 잊어버릴 뻔했다.

- 今朝、もう少しで反対方向の電車に乗るところだった。
오늘 아침, 자칫하면 반대 방향으로 가는 전철을 탈 뻔했다.

- 当日券を買うために朝早く並んだが危うく席を取れないところだった。 당일 티켓을 사려고 아침 일찍 줄을 섰는데 하마터면 자리를 못 잡을 뻔했다.

- 朝起きられなくて試験の時間に間に合わないところだった。
아침에 일어나지 못해 시험 시간에 못 맞출 뻔했다. (늦을 뻔했다.)

- 横断歩道の信号が早くて最後まで渡れないところだった。
횡단보도의 신호가 빨라서 끝까지 건너가지 못할 뻔했다.

> **함께 알아 두기**

~ところだった vs ~そうになる

「~ところだった」와 비슷한 의미로, 동사 ます형에 접속하는 「~そうになる ~할 뻔하다, ~하려고 하다」가 있다. 「~そうになる」는 '어떤 현상이 일어나기 직전'을 나타내는 표현이다. 「~ところだった」가 이미 완료된 과거의 행동에 대해 말하는 데 비해, 「~そうになる」는 과거뿐 아니라 현재의 상태, 반복, 경험 등에 대해서도 말할 수 있어 보다 폭넓게 쓸 수 있다.

○ 朝寝坊をして遅刻しそうになった。
  늦잠을 자서 지각할 뻔했다.

○ 朝寝坊をして遅刻するところだった。
  늦잠을 자서 지각할 뻔했다.

○ 人にぶつかってコーヒーをこぼしそうになった。
  사람과 부딪쳐서 커피를 엎지를 뻔했다.

○ 人にぶつかってコーヒーをこぼすところだった。
  사람과 부딪쳐서 커피를 엎지를 뻔했다.

○ このドラマを見ていると毎回涙が出そうになる。
  이 드라마를 보고 있으면 매번 눈물이 나오려고 한다. (날 것 같다.)

✕ このドラマを見ていると毎回涙が出るところだった。

○ もうすぐ電池が切れそうになっている。
  곧 건전지가 다 닳으려고 한다. (닳을 것 같다.)

✕ もうすぐ電池が切れるところだった。

どころではない

~할 만한 여유가 없다, ~할 때가 아니다

'그런 일을 할 수 있는 상황이 아니다'라고 말할 때 사용하는 표현이다. 명사의 경우 「する」를 붙이면 동사가 되는 동작성 명사와 함께 쓰인다.

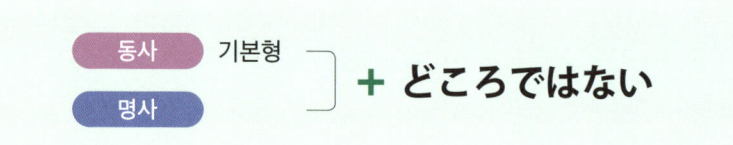

- 今は毎日忙しくて遊びに行くどころではない。
  지금은 매일 바빠서 놀러 갈만한 여유가 없다.

- もうすぐ会議が始まるのにコーヒーを飲んでいるどころじゃない。
  이제 곧 회의가 시작되는데 커피를 마시고 있을 때가 아니다.

- 自分の生活を安定させるのに精いっぱいで、まだ結婚どころではありません。
  자신의(제) 생활을 안정시키기에 벅차서 아직 결혼 같은 것을 생각할 여유가 없습니다.

- 自分の命も危ないのに取材どころではなかった。
  자신의(내) 목숨도 위태로운데 취재할 여유가 없었다.

- 不景気だから貯金どころではなかった。
  불경기 때문에 저금할 여유가 없었다.

> **함께 알아 두기**

회화에서는 「~どころじゃない ~할 때가 아니다」,「~どころじゃなかった ~할 때가 아니었다」,「~どころじゃないです ~할 때가 아닙니다」 등의 형태로 많이 쓴다.

- あと5分で出発だからゆっくり景色を眺めるどころじゃない。
  5분 후에 출발이니까 느긋하게 경치를 바라볼 때가 아니야.

- 家族が入院したので友達と誕生日パーティーどころじゃなくなった。
  가족이 입원했기 때문에 친구와 생일 파티를 할 형편이 못 되었다.

- 会社で問題が起きたので旅行するどころじゃなくなりました。
  회사에 문제가 생겨서 여행할 형편이 안 되게 되었어요.

- それどころじゃない。
  그럴 때가 아니야. (한가한 소리 하지 마.)

~どころじゃない VS ~場合じゃない

「~どころじゃない」에는 '다른 일에 신경이 쓰여서 손에 잡히지 않다'는 뉘앙스가 있고, 동사 「-ている」형에 접속하는 「~場合じゃない ~할 때가(상황이) 아니다」에는 '이거 말고 다른 일을 먼저 해야 한다'는 뉘앙스가 있다.

- 家でテレビを見ている場合じゃない。早く行かなくちゃ。
  집에서 텔레비전을 보고 있을 때가 아니야. 빨리 가야지.

- タクシーを探している場合じゃない。救急車を呼ぼう。
  택시를 찾고 있을 때가 아니야. 구급차를 부르자.

- 今は事故の原因を調査しなくちゃ。悲しんでいる場合じゃありません。
  지금은 사고 원인을 조사해야 해요. 슬퍼하고 있을 때가 아닙니다.

ところをみると

~인 것을 보면, ~인 것을 보니

어떤 행동이나 상황을 보고 유추되는 사실을 말할 때 쓰는 표현으로, 뒤에는 추측 표현인 「~ようだ ~것 같다」, 「~だろう ~일 것이다」, 「~かもしれない ~일지도 모른다」 등이 오는 경우가 많다. 「ところ」를 「の」로 바꿔 쓸 수 있다.

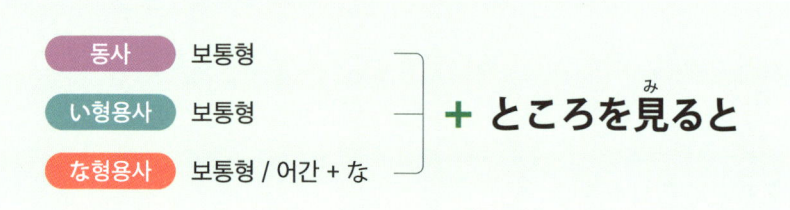

- 電気が消えているところを見ると家に誰もいないようだ。
  불이 꺼져 있는 것을 보면 집에 아무도 없는 것 같다.

- 会場から人が出てきたところを見るともうコンサートは終わったようだ。
  행사장(콘서트장)에서 사람이 나온 것을 보면 이미 콘서트는 끝난 것 같다.

- 外が明るいところを見るとやっと雨が止んだのかもしれない。
  밖이 밝은 것을 보니 드디어 비가 그쳤을지도 모른다.

- セーターを着なくても寒くないのを見ると冬も終わったのだろう。
  스웨터를 입지 않아도 춥지 않은 것을 보면 겨울도 끝났을 것이다.

- 課長が不機嫌なところを見ると会議で何かあったのかもしれないね。
  과장님이 언짢은 것을 보니 회의에서 뭔가 있었는지도 모르겠네.

함께 알아 두기

～ところから見(み)て

'~인 것으로 보아'라는 의미로, 말하는 사람이 직접 경험한 것을 근거로 추측하는 표현이다. 「ところ」를 「こと」로 바꿔서 「～ことから見て」로 써도 의미는 같다.

- 足跡(あしあと)がたくさん残(のこ)っているところから見(み)て犯人(はんにん)は集団(しゅうだん)で来(き)たようだ。
  발자국이 많이 남아 있는 것으로 보아 범인은 집단으로 온 것 같다.

- 星(ほし)がきれいなところから見(み)てここの空気(くうき)は都会(とかい)よりいい。
  별이 아름다운 것으로 보아 이곳의 공기는 도회지(도시)보다 좋다.

- 水(みず)と米(こめ)がおいしいところから見(み)てお酒(さけ)の味(あじ)も期待(きたい)できる。
  물과 쌀이 맛있는 것으로 보아 술맛도 기대할 수 있다.

- 電車(でんしゃ)が遅(おく)れているところから見(み)て何(なに)か事故(じこ)があったのかもしれない。
  전철이 지연되고 있는 것으로 보아 뭔가 사고가 있었을지도 모른다.

- 帰(かえ)ってすぐ寝(ね)たところから見(み)てクラブ活動(かつどう)で疲(つか)れたんでしょう。
  집에 오자마자 잔 걸로 봐서는 동아리 활동으로 피곤했나 봐요.

- 電気(でんき)が消(き)えているところから見(み)て部屋(へや)には誰(だれ)もいないのだろう。
  불이 꺼져 있는 것으로 보아 방에는 아무도 없을 것이다.

とともに

~와 함께, ~와 동시에

어떤 동작이나 상황이 시작됨과 동시에 다른 동작이나 상황이 진행되는 것을 나타내는 표현이다.

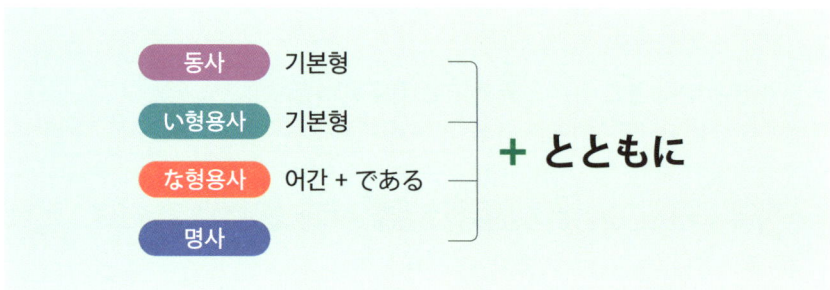

- その人はアメリカに移住するとともにアメリカの国籍を取った。
  그 사람은 미국에 이주함과 동시에 미국 국적을 취득했다.

- 梅雨が明けるとともに厳しい暑さがやってきた。
  장마가 끝남과 동시에 혹독한 더위가 찾아왔다.

- ペットが死んで悲しいとともに寂しさで涙が止まらなかった。
  반려동물이 죽어서 슬픔과 동시에 외로움에 눈물이 멈추지 않았다.

- エッセイは簡潔であるとともに身近な話題でなければならない。
  수필은 간결하면서도 친숙한 주제여야 한다.

- 「いただきます」の声とともにみんな一斉に昼ご飯を食べ始めた。
  '잘 먹겠습니다'라는 소리와 함께 모두 일제히 점심을 먹기 시작했다.

> 함께 알아 두기

명사 + であるとともに ～でもある

'~인 동시에 ~이기도 하다'라는 뜻이다.

- 彼女は歌手であるとともに作家でもある。
  그녀는 가수인 동시에 작가이기도 하다.

- 自然はこの画家の作品のテーマであるとともにモチーフでもある。
  자연은 이 화가의 작품의 주제이자 동기이기도 하다.

- イヌのミソは家族の一員であるとともに大切な友人でもある。
  (우리 집) 강아지 미소는 가족의 일원이자 소중한 친구이기도 하다.

● 「～とともに」는 두 가지 동작이 동시에 일어나는 경우뿐만 아니라, 한쪽의 변화에 따라 다른 한쪽이 변화되는 경우에도 사용하는데, 이 경우에는 「～につれて ~에 따라」로 대체할 수도 있다.

- 歳を取るとともに性格が穏やかになる人がいる。(○ 取るにつれて)
  나이를 먹으면서(먹음에 따라) 성격이 온순해지는 사람이 있다.

- 西に太陽が沈むとともに東の空に月が昇り始めた。(○ 沈むにつれて)
  서쪽으로 해가 지면서(짐에 따라) 동쪽 하늘에 달이 뜨기 시작했다.

- 台風が近づくとともに雨や風が激しくなった。(○ 近づくにつれて)
  태풍이 다가오면서(다가옴에 따라) 비와 바람이 거세졌다.

- 食品の輸入が増えるとともに国内の生産量は減っていった。
  (○ 増えるにつれて)
  식품 수입이 증가하면서(증가함에 따라) 따라 국내 생산량은 줄어들어 갔다.

となると

~하게 되면, ~하다고 하면

'만일 그런 상황이 된다면, 그런 사실을 고려하면'이라는 뜻으로, な형용사 현재형의 경우에는 「-だ」를 생략할 수도 있다.

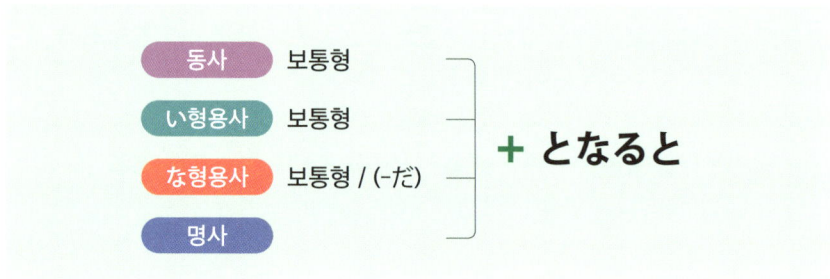

- 子供たちも一緒に行くとなると5人分の弁当を作る必要がある。
  아이들도 같이 가게 되면 5인분의 도시락을 만들 필요가 있다.

- 来週が難しいとなると来月まで待つことになりますが、いいですか。
  다음 주가 어렵다면 다음 달까지 기다리게 되는데 괜찮습니까?

- 台風が来るのが確実(だ)となると予定を変更した方がいいですね。
  태풍이 오는 것이 확실하다면 예정(일정)을 변경하는 편이 낫겠네요.

- 故障したところの部品交換となると1か月はかかるでしょう。
  고장 난 부분을 부품 교환하려면 한 달은 걸릴 거예요.

- 8月の連休となると3か月前から予約がいっぱいになる。
  8월 연휴 시기가 되면 3개월 전부터 예약이 가득 찬다.

함께 알아 두기

「～となると」가 들어간 표현 중에 「～となると話は別だ ~가 된다면 이야기는 별개다 (다르다)」라는 형태도 자주 쓰는 패턴이다.

- 相手を選べるとなると話は別だが、このままでは向こうが強すぎる。
  상대를 선택할 수 있다면 얘기는 다르지만, 이대로는 상대가 너무 강하다.

- 宝くじにでも当たるとなると話は別ですが自分の力で家を持つのは無理です。 복권에라도 당첨된다면 몰라도 제 힘으로 집을 갖는 것은 무리입니다.

- A 料金を上げてくれるとなると話は別です。ご希望の日に納品します。
  요금을 올려 주신다고 하면 이야기는 별개입니다. 원하시는 날짜에 납품하겠습니다.

  B じゃあ、3日後に1,000個お願いします。
  그럼, 3일 후에 1,000개 부탁합니다.

- A 私も一緒に行かせてください。
  저도 같이 가게 해 주세요.

  B 田中さんが来るとなると話は別です。心強いです。
  다나카 씨가 온다고 하면 이야기는 별개입니다. 마음이 든든합니다.

とは
~라는 것은, ~은 [정의]

어떤 단어의 의미를 설명하거나 정의할 때 쓰는 표현으로, 「〜とは 〜のことだ ~란 ~라는 것이다」, 「〜とは 〜です ~란 ~입니다」와 같은 형태로 사용된다.

명사 + とは

- 「スマホ」とはスマートフォンを縮めて言いやすくした言葉です。
  '스마호'란 스마트폰을 줄여서 말하기 쉽게 한 말입니다.

- 「共通テスト」とは韓国の「修能試験」と同じようなテストのことです。
  '공통 테스트'는 한국의 '수능 시험'과 비슷한 시험을 말합니다.

- 「イギリス」とは英国、「オランダ」とはネーデルランドを指します。
  '이기리스'는 영국, '오란다'는 네덜란드를 가리킵니다.

- 「パチンコ」とは日本で広く楽しまれている娯楽の一つです。
  '파칭코'는 일본에서 널리 즐기고 있는 오락 중 하나입니다.

- 「生活習慣病」とは食事、運動、喫煙などの習慣から起きる病気です。
  '생활 습관병'이란 식사, 운동, 흡연 등의 습관에서 생기는 병입니다.

함께 알아 두기

～というのは

동일한 의미이지만 「～とは」가 좀 더 문장체적 표현이다.

- 「口コミ」というのは「口」と「コミュニケーション」を合わせた言葉です。
  '구치코미(입소문)'라는 것은 '입'과 '커뮤니케이션'을 합친 말입니다.

- 週休二日制というのは一週間に2日休む勤務制のことだ。
  주휴 2일제(주 5일 근무제)라고 하는 것은 일주일에 이틀 쉬는 근무제를 말한다.

- ユーモアというのは相手の心を和やかにするための技術です。
  유머라고 하는 것은 상대방의 마음을 부드럽게 만들기 위한 기술입니다.

～って

허물없는 사이에서 대화할 때는「～って」를 쓰기도 한다.

- A 「なっちゃん」って誰のこと？
  '낫짱'이란 누구를 말하는 거야?
  B 中村さんのことだよ。
  나카무라 씨를 말하는 거야.

- A マンションってアパートのこと？
  맨션은 아파트와 같은 말이야?
  B マンションはアパートより高級な感じがするね。
  맨션은 아파트보다 고급스러운 느낌이 들지.

とはいうものの

~라고는 하지만

'일반적으로 생각할 수 있는 것과는 다르다', '어떤 사항에 대해 일단은 인정하지만, 실제로는 그렇지 않다'라고 말할 때 사용하는 표현이다.

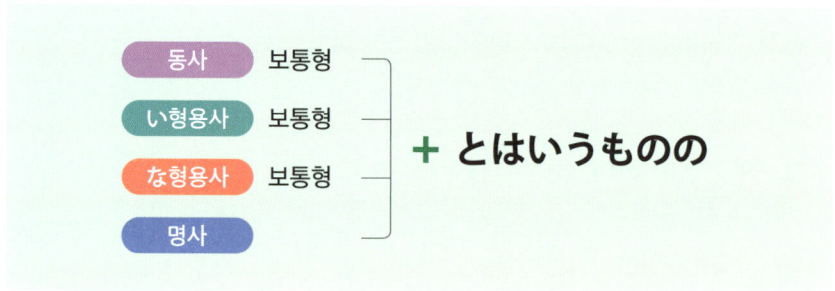

- 消費期限が過ぎたとはいうものの、まだ捨てるのはもったいない。
  소비 기한이 지났다고는 하지만 아직 버리는 것은 아깝다.

- 待つ時間が長いとはいうものの、料理がおいしければ満足できる。
  기다리는 시간이 길다고는 하지만 요리가 맛있으면 만족할 수 있다.

- 田中さんは社員の中では若いとはいうものの、もう30代だ。
  다나카 씨는 사원 중에서는 젊다고는 하지만 벌써 30대이다.

- 一人で生活するのは気楽だとはいうものの、苦労も多いです。
  혼자 생활하는 것은 편하다고는 하지만 고생도 많습니다.

- 立春とはいうものの、まだ雪が降ることもあります。
  입춘이라고는 하지만 아직 눈이 내리는 경우도 있습니다.

> 함께 알아 두기

접속사처럼 문장 앞이나 문장과 문장 사이에 쓰일 경우, '그렇다고는 하나', '그것은 그렇지만'의 뜻으로 해석할 수 있다.

・まだ寒い。とはいうものの桜の花はあちこちで咲き始めている。
아직은 춥다. 그렇기는 하지만 벚꽃은 여기저기서 피기 시작하고 있다.

・彼とは故郷が同じ親友だ。とはいうものの向こうは社長で僕は営業社員だ。 그와는 고향이 같은 친구이다. 그렇지만 그쪽은 사장이고 나는 영업 사원이다.

〜とはいっても

「〜とはいうものの」는 문장체적인 표현이므로 회화에서는 「〜とはいっても ~라고는 해도, ~라고는 하지만」를 더 많이 쓴다.

・宝くじに当たったとはいってもたったの1,000円だ。
복권에 당첨됐다고는 하지만 겨우 천 엔이다.

・いくらおいしいとはいっても毎日食べ続ければ飽きる。
아무리 맛있다고는 해도 매일 계속 먹으면 질린다.

・社長とはいっても実権は会長が持っている。
사장이라고는 하지만 실권은 회장이 가지고 있다.

・山田さんの性格は穏やかだとはいっても怒った時は別人のようだ。
야마다 씨의 성격은 온화하다고는 하지만 화냈을 때는 다른 사람인 것 같다.

ないかぎり

~가 없는 한, ~하지 않는 한

'앞의 조건이 성립되지 않는다면 뒤에 오는 내용은 실현되지 않는다'는 것을 나타내는 표현이다. 또한, '앞의 조건이 충족되면 뒤의 사항도 변한다'는 의미도 포함하고 있다.

동사 ない형 + ない限り

- 資料を作る作業が終わらない限り、家には帰れません。
  자료를 만드는 작업이 끝나지 않는 한 집에는 갈 수 없습니다.

- 事件のあった建物の中を見ない限り、状況が分かりません。
  사건이 일어난 건물 안을 보지 않는 한 상황을 알 수 없습니다.

- 部屋に誰かいない限り、電気がついていることはないでしょう。
  방에 누군가가 없는 한 불이 켜져 있는 일은 없을 겁니다.

- 管理人が来ない限り、このドアは開かないと思います。
  관리인이 오지 않는 한 이 문은 열리지 않을 거라고 생각합니다.

- 毎日10時間ぐらい勉強しない限り、入学試験に合格できない。
  매일 10시간 정도 공부하지 않는 한 입학시험에 합격할 수 없다.

- 正式に被害を届けない限り、警察も動けないだろう。
  정식으로 피해를 신고하지 않는 한 경찰도 움직일 수 없을 것이다.

> **함께 알아 두기**

● 동사의 긍정형에 「〜限(かぎ)り」를 붙이면 '~기만 하면 (괜찮다, ~할 수 있다)'의 내용을 표현할 수 있다.

・このチケットが ある限(かぎ)り、1年間何回(ねんかんなんかい)でも入場(にゅうじょう)できます。
이 티켓이 있는 한 1년 동안 몇 번이라도 입장할 수 있습니다.

・マスクを している限(かぎ)り、他(ほか)の人(ひと)に移(うつ)すことはない。
마스크를 쓰고 있는 한 다른 사람에게 옮길(전염시킬) 일은 없다.

・彼(かれ)がここに いてくれる限(かぎ)り、安心(あんしん)して仕事(しごと)を任(まか)せられる。
그가 여기에 있어 주는 한 안심하고 일을 맡길 수 있다.

・できる限(かぎ)り、いいホテルを探(さが)してみます。
가능한 한 좋은 호텔을 찾아보겠습니다.

● 「〜限(かぎ)り」에는 '지식, 경험 등의 범위 내에서 판단하면'이라는 의미도 있다.

・私(わたし)が知(し)っている限(かぎ)りのことは全部話(ぜんぶはな)した。
내가 아는 것은(아는 범위 안에서는) 모두 이야기했다.

・彼(かれ)と話(はな)した限(かぎ)り、嘘(うそ)をついているとは思(おも)えませんでした。
그와 이야기한 바로는 거짓말을 하고 있다고는 생각되지 않았습니다.

・今回(こんかい)の調査(ちょうさ)の限(かぎ)り、男女間(だんじょかん)の賃金格差(ちんぎんかくさ)は縮(ちぢ)まっていなかった。
이번에 조사한 바로는 남녀 간의 임금 격차는 줄어들지 않았다.

확인 문제　JLPT 문법_ 문법형식 판단 유형

다음 문장의 (　　)에 넣기에 가장 적당한 것을 1·2·3·4에서 하나 고르세요.

1　毎朝こんなに早くては(　　　)。時間を変えてほしい。

　　1　いけない　　2　できない　　3　かなわない　　4　かまわない

2　寿命が縮まった。もう二度と親を心配(　　　)。

　　1　しないでほしい　　　　　2　させないでほしい
　　3　してほしくない　　　　　4　させてもほしくない

3　今年いっぱい空いていない(　　　)来年以降に変更するしかない。

　　1　ていうか　　2　としても　　3　となると　　4　であれば

4　「チキン」(　　　)鶏肉のほかに「おくびょう」の意味もある。

　　1　というと　　2　といって　　3　としたら　　4　としても

5　今の時間はお客さんが(　　　)受付には誰もいません。

　　1　来る以上　　2　来ない限り　　3　来てみれば　　4　来る間

어휘

寿命 수명　　縮まる 줄어들다, 짧아지다　　二度と 두 번 다시　　鶏肉 닭고기
受付 접수, 접수처

정답·해석 236p

6 もう少しで反対方向の電車に（　　）が駅員が教えてくれた。

1　乗るかもしれなかった　　2　乗るつもりだった
3　乗るところだった　　　　4　乗るそうになった

7 この店は予約しなければ入れない（　　）。珍しいカフェですね。

1　など　　2　もの　　3　なら　　4　とか

8 昨日は突然大雨が降り出して花見をする（　　）。

1　ものじゃなかった　　2　どころじゃなかった
3　ことはなかった　　　　4　ところがなかった

9 父は健康だ（　　）あまり外に出られなくなった。

1　とはいうものの　　2　ともいわれて
3　ということから　　4　とはいえないが

10 今日は実務会議なのでどなたが来ても（　　）。

1　さしつかえしません　　2　おかまいしません
3　おかわりありません　　4　さしつかえありません

突然 돌연, 갑자기　　降り出す 내리기 시작하다　　健康だ 건강하다　　実務 실무

확인 문제　JLPT 문법_ 문장 만들기 유형

다음 문장의 ___★___에 들어가기에 가장 적당한 것을 1·2·3·4에서 하나 고르세요.

[1] あの人の発想は _____ _____ ★ _____ 魅力だ。

　1　ユニーク　　2　創造性が　　3　というか　　4　あるのが

[2] その人は _____ _____ ★ _____ 飲んではまたため息をついている。

　1　については　2　注ぎ　　3　ため息を　4　酒を

[3] 早めに _____ _____ ★ _____ ソファで寝て風邪を引いた。

　1　取る　　2　疲れを　　3　休んで　　4　どころか

[4] その人に _____ _____ ★ _____ 協力をお願いするしかない。

　1　計画に　　2　下げて　　3　でも　　4　頭を

[5] 病院で何時間も _____ _____ ★ _____ のはいやだ。

　1　受ける　　2　診察を　　3　まで　　4　待って

어휘

発想 발상　魅力 매력　ユニーク 유니크, 특이, 독특　創造性 창조성　ため息 한숨, 탄식
ため息をつく 한숨을 쉬다　注ぐ (액체를) 따르다, 붓다　疲れ 피로　疲れを取る 피로를 풀다
診察 진찰　診察を受ける 진찰을 받다

정답·해석 236p

6 SNS ____ ____ ★ ____ ネット上のコミュニティサイトです。

　　1　とは　　　2　いった　　　3　Xと　　　4　ラインや

7 和は「なごやか」という意味だが ____ ____ ★ ____ を言う。

　　1　日本料理の　2　和食　　　3　こと　　　4　とは

8 大好きな ____ ____ ★ ____ 本気でダイエットするようだ。

　　1　食べない　　2　ケーキを　　3　見ると　　4　ところを

9 市民ランナーが ____ ____ ★ ____ 競技場を出発した。

　　1　の　　　2　ともに　　3　合図と　　4　スタート

10 監督は今日の涙は忘れて ____ ____ ★ ____ と言った。

　　1　笑って　　2　来年は　　3　みせよう　　4　優勝し

なごやか 부드러움, 온화함　本気 진심으로, 진지하게　ランナー 주자, 달리는 사람
競技場 경기장　合図 신호　監督 감독　涙 눈물　優勝 우승

143

ないことには

~하지 않고서는, ~하지 않으면, ~하기 전에는

'앞의 상황이나 행동이 실행되지 않으면, 뒤의 것은 이루어지지 않는다'는 것을 나타내는 표현이다.

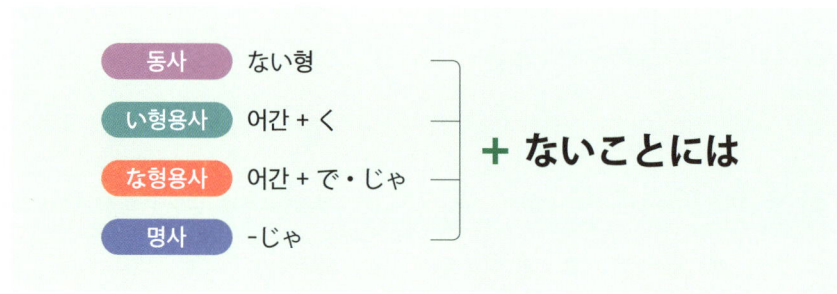

- おいしいかどうか食べてみないことには分かりません。
  맛있는지 어떤지 먹어 보지 않으면 알 수 없습니다.

- お祭りは見物する人が多くないことにはおもしろくないです。
  축제는 구경하는 사람이 많지 않으면 재미없습니다.

- 統計が正確でないことには効果的な対策を立てることができない。
  통계가 정확하지 않으면 효과적인 대책을 세울 수 없다.

- 好きじゃないことにはそんなに苦労して続けられない。
  좋아하지 않는다면 그렇게 고생하면서 계속할 수 없다.

- 1日に10キロも歩くコースは大人じゃないことには無理だと思う。
  하루에 10킬로나 걸어가는 코스는 어른이 아니고서는 무리라고 생각한다.

> **함께 알아 두기**

「AないことにはBない」는 'A가 실현되지 않으면 B는 실현되지 않는다'는 의미이므로, 필요 조건을 나타내는「〜なければ 〜ない ~하지 않으면 ~없다(않다)」,「〜なくては 〜ない ~없이는 ~없다(않다)」의 표현으로 대체할 수도 있다.

- 実際に見なければ本当かどうか分からない。
  실제로 보지 않으면 진짜인지 어떤지 알 수 없다.

- 歴史や地理に詳しくなければガイドにはなれません。
  역사나 지리를 잘 알지 못하면 가이드는 될 수 없습니다.

- 海がおだやかじゃなければ潜水調査はできません。
  바다가 잔잔하지 않으면 잠수 조사는 할 수 없습니다.

- この辺りは交通が不便で車がなくては生活できない。
  이 근처는 교통이 불편해서 차 없이는 생활할 수 없다.

- この作業は十分な報酬なくては誰もやろうとしないだろう。
  이 작업은 충분한 보수 없이는 아무도 하려고 하지 않을 것이다.

- 新校舎は皆の協力なくては完成できなかったと思います。
  새 교사는(학교 건물은) 모두의 협력 없이는 완성될 수 없었다고 생각합니다.

ないことはない

~지 않은 것은 아니다, ~기는 하다

「ない」가 두 번 나오는 이중 부정문이다. 부분적인 부정일 수도 있고, 자신의 판단이 틀렸음에도 그것을 인정하고 싶지 않다는 뉘앙스도 있다. 다른 시각이나 판단이 가능하다는 것을 시사하는 표현이다.

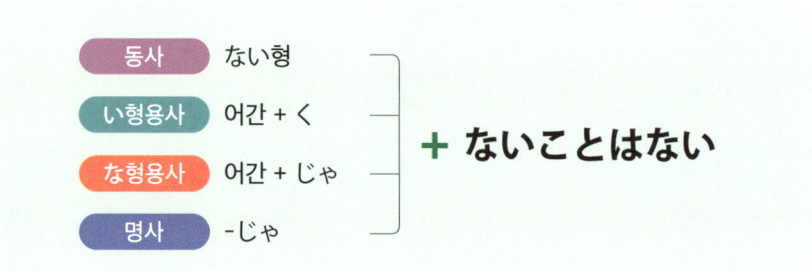

- 社長は忙しいがここでしばらく待てば会えないことはない。
  사장님은 바쁘지만 여기서 잠시 기다리면 만날 수 없는 것은 아니다.

- 今日は忙しくないことはないが急用であれば話を聞くつもりだ。
  오늘은 바쁘지 않은 것은 아니지만 급한 용무라면 이야기는 들을 생각이다.

- コンビニがすぐそばで便利じゃないことはないがスーパーも近ければいい。
  편의점이 바로 옆이라 편리하지 않은 것은 아니지만 슈퍼도 가까우면 좋겠다.

- これはアルコールが入っていてお酒じゃないことはないが甘すぎて飲めない。
  이것은 알코올이 들어 있어서 술이 아닌 것은 아니지만 너무 달아서 마실 수 없다.

> **함께 알아 두기**

「~ないことはない」와 유사한 표현으로 「~なくはない ~없는(않는) 것은 아니다」, 「~ないではない ~없지는(않지는) 않다 / ~ないでもない ~없는(않는) 것도 아니다」가 있는데, 의미상의 차이는 없고 아래로 갈수록 조금 딱딱한 느낌이 드는 문장이다.

- あなたの気持ちは**分からなくはない**。
  あなたの気持ちは**分からないことはない**。
  あなたの気持ちは**分からないではない**。
  너의 마음은 모르는 것은 아니야.

- 人が多いから**うるさくないことはないが**本を読むのには問題がない。
  사람이 많아서 시끄럽지 않은 것은 아니지만 책을 읽는 데는 문제가 없다.

- そのグループは今でも人気が**なくはないが**昔ほどじゃない。
  그 그룹은 지금도 인기가 없지는 않지만 예전만큼은 아니다.

- 相手チームが**うらやましくないではありませんが**運も実力だと思います。 상대 팀이 부럽지 않은 것은 아니지만 운도 실력이라고 생각합니다.

- 好き嫌いが**ないでもないが**たいていのものはよく食べる。
  좋아하고 싫어하는 것이(호불호가) 없는 것도 아니지만 웬만한 것은 잘 먹는다.

ないではいられない

~하지 않을 수 없다

본래의 뜻이 '~하지 않고 가만히 있을 수 없다'이므로 자신의 의지와 상관없이 저절로 그렇게 된다는 것을 나타내는 표현이다. 충동적이고 감정적인 내용을 나타내는 경우가 많으며 긍정적, 부정적 내용에 모두 쓸 수 있다.

동사 ない형 ＋ ないではいられない

- 苦労して合格したのだから喜ばないではいられない。
  고생해서 합격했으니 기뻐하지 않을 수 없다.

- その家はお年寄りが一人で生活していて手伝わないではいられない。
  그 집은 어르신이 혼자 생활하고 있어서 도와드리지 않을 수 없다.

- いやなことが重なって酒を飲まないではいられなかった。
  나쁜 일이 겹쳐 일어나서 술을 마시지 않을 수 없었다.

- 夜になっても連絡がないから心配しないではいられませんでした。
  밤이 되어도 연락이 없으니 걱정하지 않을 수 없었습니다.

- 誰もやろうとしないから自分がやらないではいられなかった。
  아무도 하려고 하지 않기 때문에 내가 하지 않을 수 없었다.

- 感動的な演技に拍手をしないではいられなかった。
  감동적인 연기에 박수를 치지 않을 수 없었다.

> 함께 알아 두기

～ずにはいられない

「～ないではいられない」의 문장체적인 표현이다. (032「ずにはいられない」 참고)

- そんな話を聞いたら誰でも泣かずにはいられません。
  그런 이야기를 들으면 누구라도 울지 않을 수 없습니다.

- あの人の活躍を皆に話さずにはいられなかった。
  그 사람의 활약을 모두에게 말하지 않을 수 없었다.

- とても信じられなくて自分の目で確かめずにはいられなかった。
  도저히 믿을 수 없어서 내 눈으로 확인하지 않을 수 없었다.

- あまりに腹が立ってその人の顔を見ずにはいられませんでした。
  너무 화가 나서 그 사람의 얼굴을 보지 않을 수가 없었습니다.

- こんな蒸し暑い日はシャワーを浴びずにはいられない。
  이렇게 무더운 날에는 샤워를 하지 않을 수 없다.

- 困っている人を見たら助けずにはいられない性格です。
  곤란에 처한 사람을 보면 도와주지 않을 수 없는 성격입니다.

- かわいそうな境遇に同情せずにはいられませんでした。
  딱한 처지에 동정을 금치 못했습니다.

- ご飯がおいしくてお代わりせずにはいられない。
  밥이 맛있어서 리필하지 않을 수 없다.

ないものか

~하지 못하는 것일까, ~할 수 없는 것일까

어떤 문제에 대한 해결책을 제시하거나 실현하고자 하는 마음을 나타내는 표현으로, 가능 동사와 함께 사용하는 경우가 많으며,「なんとか 어떻게든」,「なんとかして 어떻게 해서든」 등과 같은 부사도 자주 쓰인다.

동사 ない형 **+** ないものか

- なんとかして世界から戦争をなくすことはできないものか。
  어떻게 해서든 세계에서 전쟁을 사라지게 할 수는 없는 것일까?

- 誰もが今の苦しい生活から抜け出すことはできないものかと思う。
  누구나 지금의 고된 생활에서 벗어날 수는 없는 것일까 하고 생각한다.

- 遅刻しないようにもう少し早く起きられないものでしょうか。
  지각하지 않도록 좀 더 일찍 일어날 수 없을까요?

- せっかく作った弁当なのに残さないで食べてくれないものか。
  모처럼 만든 도시락인데 남기지 않고 다 먹어 줄 수 없을까?

- 子供はマンガが好きだが5冊のうち1冊ぐらいは普通の本を読まないものか。 아이는 만화책을 좋아하지만 5권 중 1권 정도는 보통 책을 읽을 수는 없을까?

- 毎月宝くじを買っているのに1回ぐらい当たらないものかな。
  매달 복권을 사고 있는데 한 번 쯤은 당첨될 수는 없을까?

함께 알아 두기

～ばいいのに

「～ないものか」는 '어떤 일이 이루어졌으면 좋겠다'는 바람을 나타내며 상대방의 호의적인 대응을 기대하는 뉘앙스를 담은 표현이고, 「～ばいいのに ~면 좋겠는데, ~면 좋을 텐데」는 자신의 바람을 그대로 직설적으로 말하는 회화체 표현이다.

- いつまで寒いのか。早く春が**来ればいいのに**。
  언제까지 추울까? 빨리 봄이 왔으면 좋겠는데.

- 宝くじで10万円ぐらい**当たればいいのに**。
  복권으로 10만 엔 정도 당첨되면 좋겠는데.

- ここにチーズが**かかっていればいいのに**。
  여기에 치즈가 뿌려져 있으면 좋을 텐데.

- 今度のテストはこの前みたいに**難しくなければいいのに**。
  이번 테스트는 지난번처럼 어렵지 않았으면 좋겠는데.

- 駅から遠くてももう少し**静かならいいのに**。
  역에서 멀더라도 좀 더 조용하면 좋을 텐데.

- 優しくてハンサムで、あんな人が**先輩だったらいいのに**。
  상냥하고 잘생기고, 저런 사람이 선배였으면 좋겠는데.

ながら

~이면서(도), ~이지만 [역접]

「〜のに ~인데」, 「〜けれども ~이지만」, 「〜が ~이지만」와 비슷한 역접의 의미를 나타낸다. 동시 동작을 나타내는 「〜ながら ~이면서」와는 다른 표현이다. 「も」를 붙여서 「〜ながらも ~이면서도」의 형태로 쓰기도 한다.

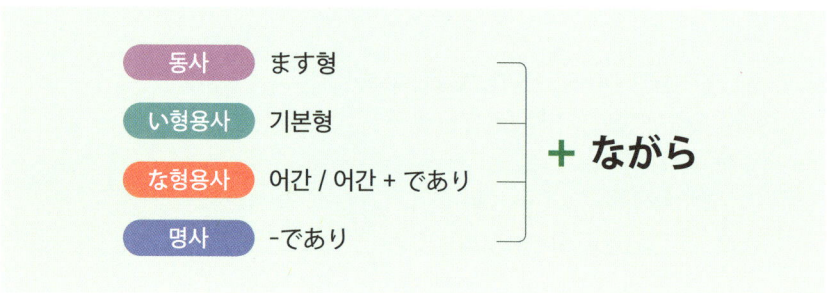

- 彼は本当のことを知っていながら「何も知らない」と言った。
  그는 진실을 알고 있으면서 '아무것도 모른다'고 말했다.

- あの選手は調子が悪いながら自分にできる最善を尽くした。
  저 선수는 컨디션이 나쁘지만 자신이 할 수 있는 최선을 다했다.

- 弟はおとなしいながらも強い意志で問題を解決する力がある。
  남동생은 얌전하면서도 강한 의지로 문제를 해결하는 힘이 있다.

- 彼女は上品でありながら親しみやすい性格だ。
  그녀는 우아하면서도 친근감이 느껴지는 성격이다.

- 富士山は火山でありながら長い間爆発しないので休火山と言われる。
  후지산은 화산이면서 오랫동안 폭발하지 않기 때문에 휴화산이라고 일컬어진다.

> **함께 알아 두기**

● 「〜ながら」의 형태이면서 하나의 부사처럼 자주 쓰는 말도 있으니 기억해 두자.

・**残念ながら**今回は採用になりませんでした。
아쉽게도(유감스럽지만) 이번에는 채용되지 않았습니다.

・**勝手ながら**今日から3日間お休みします。
대단히 죄송하지만, 오늘부터 3일간 쉬겠습니다.

・友達は**いやいやながらも**車を貸してくれた。
친구는 싫어하면서도(마지못해) 차를 빌려주었다.

・今回の計画には**及ばずながら**協力いたします。
이번 계획에는 미흡하나마 협조하겠습니다.

・**恥ずかしながら**私の作品をお見せします。
부끄럽습니다만 제 작품을 보여 드리겠습니다.

・**遅ればせながら**新年のご挨拶を申し上げます。
늦게나마(늦었지만) 새해 인사를 드립니다.

● 이 밖에도 역접의 의미가 아닌, 상태나 모양을 나타내는 관용 표현이 있다.

・この辺りには**昔ながらの**市場が残っています。
이 근처에는 옛날 그대로의 시장이 남아 있습니다.

・おじいさんは**涙ながらに**その時のことを話し始めた。
할아버지는 눈물을 흘리면서 그때의 일을 이야기하기 시작했다.

・**いつもながら**この番組は興味深い内容を伝えてくれる。
늘 그랬듯이(언제나) 이 프로그램은 흥미로운 내용을 전달해 준다.

にあたって

~을 맞이해서, ~함에 있어서, ~에 즈음하여

중요한 시기에 즈음하여, 또는 특별한 행동을 하기에 앞서, 그에 대한 마음가짐이나 명심할 사항들을 말할 때 사용하는 표현이다.

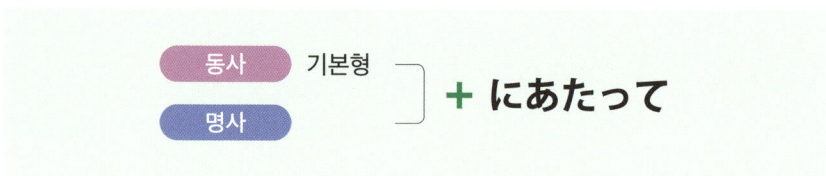

- 入学試験を受けるにあたって皆さんが全力を出せることを祈ります。
  입학시험을 치르는 데 있어 여러분이 전력을 다할 수 있기를 기원합니다.

- 海水浴をするにあたっては必ずストレッチなどの準備運動をしてください。
  해수욕을 함에 앞서 반드시 스트레칭 등의 준비 운동을 해 주세요.

- 新しい部品と交換するにあたって前の部品は回収してください。
  새로운 부품과 교환하는 데 있어 전의 부품은 회수해 주세요.

- 記念式の開催にあたってご挨拶をいたします。
  기념식 개최를 맞이하여 인사 말씀을 올리겠습니다.

- 閉店にあたってこれまで応援してくださった皆様に心からお礼申し上げます。
  폐점함에 있어서 지금까지 응원해 주신 여러분께 진심으로 감사드립니다.

함께 알아 두기

～にあたって vs ～に際して

둘 다 동일한 의미이며, 어떤 행사의 인사말이나 편지글에서 많이 사용되는 표현이다.

- 解答にあたって書くものは鉛筆かシャープに限ります。
  문제 풀이에 있어(문제를 풀 때) 쓰는 것은 연필이나 샤프만으로 합니다.

- 本製品を使うにあたっては説明書をよくお読みください。
  본제품을 사용함에 있어서는 설명서를 잘 읽어 주시기 바랍니다.

- コーヒーを飲むに際してまず香りを味わいます。
  커피를 마시는데 있어(커피를 마실 때) 우선 향을 맛봅니다.

- 作文問題に際しては字の間違いや指定された字数などに注意する。
  작문 문제에 있어서는 글자 오류나 지정된 글자 수 등에 주의한다.

～にあたり

「～にあたって」와 의미는 같지만 좀 더 문장체적인 표현이다. 「～にあたりまして」의 형태로 쓰기도 한다.

- 文庫版を出すにあたり旧漢字などは現代の漢字に改めました。
  문고판을 출간함에 있어 옛날 한자 등은 현대의 한자로 고쳤습니다.

- 契約を更新するにあたり契約内容に変更がないことを確認します。
  계약을 갱신함에 있어 계약 내용에 변경이 없음을 확인합니다.

- ご注文にあたり商品名などに間違いがないかお確かめください。
  주문에 있어(주문 시) 상품명 등에 틀림이 없는지 확인해 주시기 바랍니다.

におうじて

~에 따라서, ~에 상응해서

'어떤 상황이나 변화에 맞추어서'라는 의미로, 주로 정도나 수량, 규모, 성질 등을 나타내는 말에 붙여 사용한다.

명사 + に応じて

- この日本語学校ではレベルに応じて6つのクラスに分けています。
  이 일본어 학교(학원)에서는 레벨에 따라 여섯 개의 반으로 나누고 있습니다.

- 季節に応じて料理に使われる材料が変わります。
  계절에 따라 요리에 사용되는 재료가 달라집니다.

- ファッションは着る人の個性に応じて自由に創造することができる。
  패션은 입는 사람의 개성에 따라 자유롭게 창조할 수 있다.

- ゲームは相手の攻撃や守備に応じて様々な作戦を立てるのがおもしろい。
  게임은 상대의 공격이나 수비에 따라 다양한 작전을 세우는 것이 재미있다.

- 相手の態度に応じてこちらの態度も変わります。
  상대방의 태도에 따라 이쪽의 태도도 달라집니다.

- この会社では消費者の要求に応じて新製品を開発している。
  이 회사에서는 소비자의 요구에 따라 신제품을 개발하고 있다.

함께 알아 두기

～に応じて VS ～に従って VS ～によって

세 가지 모두 '~에 따라'라는 의미가 있는데 구체적으로 살펴보면「A に応じて B」는 'A가 변화하면 B도 변화한다'라는 뜻이다.「A に従って B」는 A의 변화에 따라 B도 비례해서 변화할 경우에 쓰고,「増える 늘어나다」,「広がる 번지다」,「-になる / -くなる ~이(가) 되다」와 같이 변화를 나타내는 말과 자주 사용된다.「A によって B」는 A가 원인이 되어 B가 일어날 경우에 쓴다.

- アルバイトの給料は**時間に応じて**決められる。
  아르바이트 급여는 시간에 따라 정해진다.

- 病気の**症状に応じて**薬が違うのは当然だ。
  병의 증상에 따라 약이 다른 것은 당연하다.

- 賃金の**上昇に従って**消費も増加する。
  임금의 상승에 따라 소비도 증가한다.

- 成績が**上がるに従って**周りの期待も大きくなる。
  성적이 올라감에 따라 주위의 기대도 커진다.

- 台風の**影響によって**電車が止まってしまった。
  태풍의 영향에 의해(영향으로) 전철이 멈춰 버렸다.

- 世界的な**不景気によって**生活が苦しくなった。
  세계적인 불경기로 인해 생활이 어려워졌다.

にかぎって

~에 한해서, ~만은, ~치고, ~일수록

'어떤 상황에서는 반드시 이런 일이 일어난다', '어떤 사람에 한해서는 반드시 이렇다, 또는 그럴 리가 없다'라고 연관성을 말할 때 사용하는 표현이다.

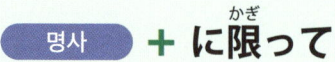

- あの人に限って約束を忘れることはないでしょう。
  저 사람에 한해서(저 사람만큼은) 약속을 잊어버리는 일은 없을 거예요.

- 言い訳が多い人に限って他の人のミスを厳しく批判する。
  변명이 많은 사람일수록(사람치고) 남의 실수를 호되게 비판한다.

- 傘を持ってこなかった日に限って雨が降ることが多いです。
  우산을 가져오지 않은 날에는 꼭 비가 내리는 경우가 많습니다.

- 今日に限ってお金がなくて…悪いけど夕食代お願いします。
  (하필) 오늘따라 돈이 없어서…미안하지만 저녁 식사 값을 내 주세요.

- 運動して汗をかいた時に限ってシャワーが故障する。
  (하필) 운동하고 땀을 흘렸을 때 샤워기가 고장 난다.

함께 알아 두기

～に限(かぎ)り

「～に限(かぎ)り ~에 한해서, ~에만」는 '어느 조건에서만 그것이 특별히 가능하다'는 것을 나타낼 때도 사용한다.

- このチケットをお持(も)ちの**お客(きゃく)様(さま)に限(かぎ)り**、50%割引(わりびき)にいたします。
  이 티켓을 가져 오신 고객님에 한해 50% 할인해 드리겠습니다.

- 受付(うけつけ)は午後(ごご)9時(じ)までですが緊急(きんきゅう)の**場合(ばあい)に限(かぎ)り**、午後(ごご)11時(じ)まで可能(かのう)です。
  접수는 오후 9시까지이지만 긴급한 경우에 한해서 오후 11시까지 가능합니다.

- 10周年(しゅうねん)キャンペーンで先着(せんちゃく)**100名(めい)に限(かぎ)り**、入会金(にゅうかいきん)が無料(むりょう)です。
  10주년 캠페인으로(기념 행사로) 선착순 100명에 한해 입회금이 무료입니다.

- 新(あたら)しいシャンプーのレビューを書(か)いた**人(ひと)に限(かぎ)り**、もう一本(いっぽん)差(さ)し上(あ)げます。
  새로 나온 샴푸의 리뷰를 쓰신 분에 한해서 한 병 더 드리겠습니다.

- 5,000円(えん)以上(いじょう)買(か)い物(もの)した**お客(きゃく)様(さま)に限(かぎ)り**、送料(そうりょう)がかかりません。
  5,000엔 이상 구매하신 고객님에 한해서 배송비가 들지(부과되지) 않습니다.

- **この地域(ちいき)に限(かぎ)り**、例外的(れいがいてき)に建物(たてもの)の高度制限(こうどせいげん)が適用(てきよう)されない。
  이 지역에 한해 예외적으로 건물의 고도 제한이 적용되지 않는다.

にかぎらず

~에 한정되지 않고, ~뿐만 아니라

앞에서 언급한 것뿐만 아니라 그 외에도 여러 가지가 있음을 나타내는 표현으로,「068 にかぎって」의 부정 표현이다.

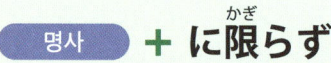

- この店は平日に限らず週末でも同じ値段でバイキングが食べられる。
  이 가게는 평일뿐만 아니라 주말에도 동일한 가격으로 뷔페를 먹을 수 있다.

- 今回優勝した学校は野球に限らず全てのスポーツでレベルが高い。
  이번에 우승한 학교는 야구뿐만 아니라 모든 스포츠에서 수준이 높다.

- 日本に限らず多くの国で市民の人権を守る運動が行われています。
  일본뿐만 아니라 많은 나라에서 시민의 인권을 지키는 운동이 이루어지고 있습니다.

- 最近は工場やIT分野に限らず社会のあちこちでAIが活躍しています。
  최근에는 공장이나 IT분야뿐만 아니라 사회 곳곳에서 AI가 활약하고 있습니다.

- 育児休暇は女性に限らず男性も認められている。
  육아 휴직은 여성뿐만 아니라 남성도 인정되고 있다.

함께 알아 두기

～だけでなく

「～に限（かぎ）らず」의 회화체 표현은 「～だけでなく ~뿐만 아니라」이다.

- 昨日（きのう）は財布（さいふ）を落（お）としただけでなくケータイも壊（こわ）れて大変（たいへん）でした。
  어제는 지갑을 잃어버렸을 뿐만 아니라 휴대폰도 고장 나서 힘들었습니다.

- この道（みち）は車（くるま）が混（こ）んでいるだけでなく騒音（そうおん）もひどい。
  이 길은 차가 막힐 뿐만 아니라 소음도 심하다.

- ここは出勤（しゅっきん）が朝早（あさはや）いだけでなく残業（ざんぎょう）も当（あ）たり前（まえ）だという会社（かいしゃ）です。
  여기는 아침 일찍 출근해야 할 뿐만 아니라 야근도 당연한 회사입니다.

- 年末（ねんまつ）は配達（はいたつ）が忙（いそが）しいだけでなく荷物（にもつ）の量（りょう）も多（おお）くなる。
  연말은 배달이 바쁠 뿐만 아니라 화물의 양도 많아진다.

- 彼（かれ）は性格（せいかく）が穏（おだ）やかなだけでなく誰（だれ）に対（たい）しても親切（しんせつ）だ。
  그는 성격이 온화할 뿐만 아니라 누구에게나 친절하다.

- この教材（きょうざい）は文法（ぶんぽう）や会話（かいわ）だけでなく全（すべ）ての領域（りょういき）をカバーしている。
  이 교재는 문법이나 회화뿐만 아니라 모든 영역을 커버하고 있다.

- 映画（えいが）の中（なか）では人物（じんぶつ）だけでなく道具（どうぐ）や自然背景（しぜんはいけい）も事実（じじつ）にこだわった。
  영화 속에서는 인물뿐만 아니라 도구나 자연 배경도 사실에 집착(고집)했다.

にかんして

~에 관해서, ~에 관하여

'그것에 관해서', '그것에 대해서'라는 의미이며 「〜について」보다는 다소 격식 차린 표현이다. 「〜に関する + 명사 ~에 관한」의 형태로도 쓰인다.

명사 + に関して

- 政府は省エネ対策に関して全国的な調査を行った。
  정부는 에너지 절약 대책에 관해서 전국적인 조사를 실시했다.

- 日本の温泉に関して彼ほど詳しく知っている人はいない。
  일본의 온천에 관하여 그만큼 상세히 아는 사람은 없다.

- 日本の政府の組織には「幸福度に関する研究会」というものがある。
  일본의 정부 조직 중에는 '행복도에 관한 연구회'라고 하는 것이 있다.

- 今年も読書に関するアンケートが全国で行われた。
  올해도 독서에 관한 설문 조사가 전국에서 실시되었다.

- 村の年寄りから地名の由来に関する伝説を聞きました。
  마을 어르신으로부터 지명의 유래에 관한 전설을 들었습니다.

함께 알아 두기

～に関して VS ～について

의미는 거의 비슷하지만 「～について ~에 대해서」가 더 회화체 표현이다.

- コンビニの弁当に関してレポートを書くつもりです。
  편의점 도시락에 관하여 리포트를 쓸 생각입니다.

- 来月、旅行するから沖縄に関して書かれた本を探している。
  다음 달에 여행 가기 때문에 오키나와에 관해 쓰인 책을 찾고 있다.

- 最近、日本の酒に関して関心が高まっているようだ。
  최근에 일본 사케에 관하여 관심이 높아지고 있는 것 같다.

- 韓国の有名な画家に関して調べるために済州島に行った。
  한국의 유명한 화가에 관해서 조사하기 위해 제주도에 갔다.

- 今度の事件についてどう思いますか。
  이번 사건에 대해서 어떻게 생각합니까?

- 将来についてはあまり心配していません。
  장래에 대해서는 별로 걱정하지 않고 있습니다.

- 宿題の作文は日本の料理について書いた。
  작문 숙제는 일본 요리에 대해서 썼다.

- そのことについては何も知りません。
  그것에 대해서는 아무것도 모릅니다.

にこしたことはない

~하는 것보다 좋은 것은 없다, ~하는 것이 가장 좋다

상식적으로 '이렇게 하는 편이 가장 좋다'고 제시할 경우에 쓰는 표현이다. 어떤 사태에 대비하여 최소한의 준비를 해 두라고 하거나 여유 있게 행동하라고 조언할 때 쓴다.

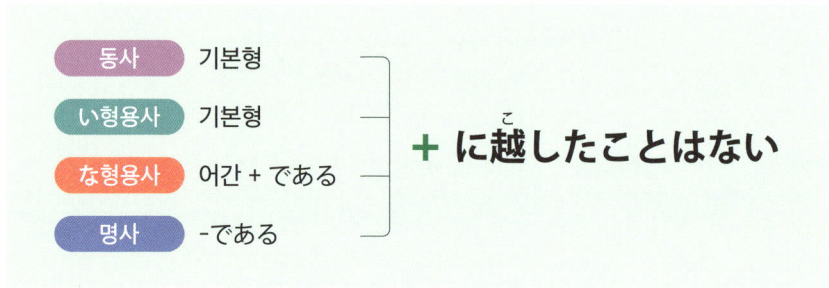

- 新しい環境には早く慣れるに越したことはない。
  새로운 환경에는 빨리 적응하는 것보다 좋은 것은 없다.

- 経験は多いに越したことはありません。
  경험은 많은 것이 가장 좋습니다.

- 目標は明確であるに越したことはない。
  목표는 명확한 것이 가장 좋다.

- 世の中は平和であるに越したことはありません。
  세상은 평화로운 것만큼 좋은 것은 없습니다.

- 設備はどれも高性能であるに越したことはない。
  설비는 모두 고성능인 것만큼 좋은 것은 없다.

> 함께 알아 두기

～に越したことはない VS ～に限る

「～に越したことはない ~하는 것보다 좋은 것은 없다, ~하는 것이 가장 좋다」는 상식적으로 좋다고 생각되는 부분에 대해 말하는 표현이라면「～に限る ~하는 것이 제일이다, ~만한 게 없다」는 말하는 사람이 주관적으로 가장 좋다고 생각되는 것을 나타내는 표현이다.

- 健康のためには**運動するに越したことはない**。
  건강을 위해서는 운동하는 것보다 더 좋은 것은 없다.

- 値段は**安いに越したことはない**が品質も大事だ。
  가격은 싼 것이 가장 좋지만 품질도 중요하다.

- 資源は**豊富であるに越したことはない**。
  자원은 풍부한 것보다 더 좋은 것은 없다.

- ストレスを感じた時は温泉に行って汗を**流すに限る**。
  스트레스를 느꼈을 때에는 온천에 가서 땀을 흘리는 것이 제일이다.

- 仕事に集中したければ誰もいない**休日出勤に限ります**。
  일에 집중하고 싶다면 아무도 없는 휴일 출근이 가장 좋습니다.

- 老人がスマホを活用するなら機能は**シンプルなのに限ります**。
  노인이 스마트폰을 활용한다면 기능은 심플한 것이 제일입니다.

072

にこたえて
~을 받아들여서, ~에 부응하여

기대, 요망 등을 나타내는 명사에 접속하여 '그에 부응하는 행동을 한다(하겠다)'는 것을 나타낼 때 사용한다. 주로「希望 희망」,「期待 기대」,「要求 요구」,「声 목소리」,「ニーズ 수요, 요구」,「リクエスト 요청」,「アンコール 앙코르」등의 단어와 함께 쓰인다.

명사 + に応えて

- 観客の大きな拍手に応えてピアニストが再び舞台に登場した。
  관객의 큰 박수에 부응하여 피아니스트가 다시 무대에 등장했다.

- その選手は国民の期待に応えて金メダルを獲得した。
  그 선수는 국민의 기대에 부응하여 금메달을 획득했다.

- その店では客の要望に応えて営業時間を3時間延長することにした。
  그 가게에서는 손님의 요망에 부응하여 영업 시간을 세 시간 연장하기로 했다.

- 全ての人の希望に応えるのは無理です。
  모든 사람의 희망에 부응하는 것은 무리입니다.

- その歌手はファンの声援に応えて全国コンサートを始めた。
  그 가수는 팬들의 성원에 부응하여 전국 콘서트를 시작했다.

함께 알아 두기

～に応(こた)えて VS ～に応(おう)じて

같은 한자가 들어가지만 의미는 다르다. 「～に応(こた)えて ~에 부응하여」는 '상대가 자신에게 바라는 것을 할 수 있도록 노력하겠다'고 할 때, 「～に応(おう)じて ~에 따라서, ~에 상응하여」는 '그때그때 처한 상황에 맞게 대처한다'는 표현을 할 때 사용한다.
(067「におうじて」참고)

- 読者(どくしゃ)の希望(きぼう)に応(こた)えて著者(ちょしゃ)のサイン会(かい)を実施(じっし)する。
  독자의 희망에 부응하여 저자 사인회를 실시한다.

- 住民(じゅうみん)の要求(ようきゅう)に応(こた)えて電線(でんせん)を地下(ちか)に埋(う)めることになった。
  주민의 요구에 부응하여 전선을 지하에 매설하게 되었다.

- 客(きゃく)のニーズに応(こた)えて女性(じょせい)のカバンコーナーを設置(せっち)した。
  손님의 요구에 부응하여 여성 가방 코너를 설치했다.

- 食材(しょくざい)は季節(きせつ)に応(おう)じて安(やす)くておいしいものを選(えら)ぶ。
  식재료는 계절에 따라 싸고 맛있는 것을 고른다.

- 銀行(ぎんこう)では預金(よきん)の残高(ざんだか)に応(おう)じて融資限度額(ゆうしげんどがく)を計算(けいさん)する。
  은행에서는 예금의 잔액에 따라 융자(대출) 한도액을 계산한다.

- 外(そと)の気温(きおん)に応(おう)じて室内(しつない)の温度(おんど)が自動的(じどうてき)に調整(ちょうせい)されます。
  바깥 기온에 따라 실내 온도가 자동적으로 조정됩니다.

にさきだって

~에 앞서, ~하기에 앞서

'무엇인가를 시작하기 전에'라는 의미로, 어떤 행위나 행사를 앞두고 사전에 해 두어야 할 일에 대해 말할 때 사용한다. 명사의 경우 「する」를 붙이면 동사가 되는 동작성 명사와 함께 쓰인다.

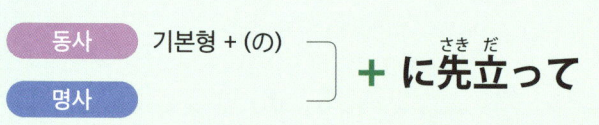

- 検査するに先立って10時間前から飲食をしないでください。
  검사하기에 앞서 10시간 전부터 금식해 주세요.

- 工事を始めるに先立って住民に対する環境評価の説明が必要だ。
  공사를 시작하기에 앞서 주민에 대한 환경 평가의 설명이 필요하다.

- 出発に先立って先に大きい荷物だけ宅配便で送りました。
  출발에 앞서 먼저 큰 짐만 택배로 보냈습니다.

- 入学に先立って必要な書類を準備しておいてください。
  입학에 앞서 필요한 서류를 준비해 두세요.

- 引越しに先立っていくつかの引越し会社の見積もりを取った。
  이사에 앞서 몇 개 이사 업체의 견적을 뽑았다. (견적을 받았다.)

함께 알아 두기

～に先立ち

「～に先立って」와 의미는 같지만 좀 더 문장체적인 표현이다.

- パスポートを申請するに先立ち、いくつか書類が必要です。
  여권을 신청하기에 앞서 몇 가지 서류가 필요합니다.

- 栄養補助食品を購入するに先立ち、1か月間無料で試食できた。
  영양 보조 식품을 구입하기에 앞서 한 달 동안 무료로 시식할 수 있었다.

- 留学に先立ち、生活環境などを前もって調べてみた。
  유학에 앞서 생활 환경 등을 미리 알아봤다.

- 結婚に先立ち、双方の両親が挨拶する機会を設けた。
  결혼에 앞서 양가 부모가 인사하는 기회를 마련했다.

- 博覧会開催に先立ち、様々なイベントを通じて広報活動をした。
  박람회 개최에 앞서 다양한 이벤트를 통해 홍보 활동을 했다.

- 映画公開に先立ち、監督や俳優の舞台挨拶があります。
  영화 개봉에 앞서 감독과 배우의 무대 인사가 있겠습니다.

にしても

~라고 해도

앞에서 말한 내용을 '설령 인정한다고 해도'라는 의미이다. 「たとえ 만약」, 「仮に 가령, 설령」, 「いくら 아무리」 등의 부사와 사용되는 경우가 많다. 「～にしても」 대신 「～にせよ」로 바꿔 쓰면 문장체 표현이 된다. (077「にせよ」참고)

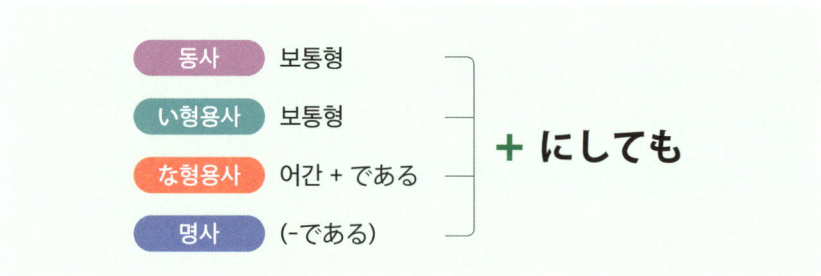

- たとえ新幹線に乗るにしても今日中に着くのは無理だと思う。
  만약 신칸센을 탄다고 해도 오늘 안으로 도착하는 것은 무리라고 생각한다.

- 今日の仕事はこれで終わったにしても明日はもっと忙しくなる。
  오늘 일은 이것으로 끝났다고 해도 내일은 더 바빠진다.

- いくら幼いにしても、もういい悪いの区別はできるでしょう。
  아무리 어리다고 해도 이제 좋고 그름의 구별은 할 수 있겠지요.

- このチームは打線が強力であるにしても守備が弱点です。
  이 팀은 타선이 강력하다고 해도 수비가 약점입니다.

- 今、会議中にしても緊急の電話なので至急部長に伝えてください。
  지금 회의 중이라고 해도 긴급 전화이므로 빨리 부장님께 전해 주십시오.

함께 알아 두기

지시・의문 대명사에「~にしても」를 연결해서 하나의 단어처럼 쓰는 말이 있다. 예문과 함께 익혀 두자.

- それにしても 그렇다 쳐도
- 誰にしても 누구라도, 누구든
- どこにしても 어디라도, 어디든
- 何にしても 어쨌든, 어떻게 되었든

- A 山田さんは少し遅くなるかもしれないと言っていました。
  야마다 씨는 좀 늦을지도 모른다고 했습니다.
  B それにしても遅すぎませんか。約束の時間を30分も過ぎました。
  그렇다 쳐도 너무 늦는 거 아니에요? 약속 시간을 30분이나 넘겼어요.

- 誰にしても思い出したくない過去があるものです。
  누구라도 떠올리고 싶지 않는 과거가 있기 마련입니다.

- 相手が誰にしても全力をつくすだけです。
  상대가 누구든 전력을 다할 뿐입니다.

- どこにしても連休の間は混んで物価も高くなる。
  어느 곳이든 연휴 동안은 붐비고 물가도 비싸진다.

- 世界中のどこにしても人が集まるところに市場ができる。
  전 세계 어디라도 사람이 모이는 곳에 시장이 생긴다.

- 何にしても今回の事は私に全部任せてください。
  어쨌든 이번 일은 저에게 전부 맡겨 주세요.

- 結論が何にしても会議で決定されたことには従います。
  결론이 어떻게 되었든 회의에서 결정된 것에는 따르겠습니다.

にしろ～にしろ

~(이)든 ~(이)든, ~도 그렇고 ~도 그렇고

비슷한 범주의 두 가지, 혹은 대립하는 두 가지를 제시한 뒤, '그 어느 쪽의 경우라도'라고 말할 때 사용한다.

- ここからは行くにしろ帰るにしろ同じぐらい時間がかかります。
  여기서는 가든지 돌아가든지 비슷한 시간이 걸립니다.

- 家で休むにしろ病院で薬をもらうにしろ仕事は無理しないでください。
  집에서 쉬든 병원에서 약을 받든 일은 무리하지 마세요.

- 乗り物に乗るにしろ乗らないにしろ入場料を払わなくてはならない。
  놀이기구를 타든 안 타든 입장료를 지불해야 한다.

- 電気自動車にしろ水素自動車にしろ新しいエネルギーの利用が進んでいます。
  전기 자동차든 수소 자동차든 새로운 에너지 이용이 진행되고 있습니다.

- 林さんにしろ木村さんにしろ担当者が決まったら知らせてください。
  하야시 씨든 기무라 씨든 담당자가 정해지면 알려 주세요.

- 中国料理にしろ韓国料理にしろ米が主食の料理は口に合います。
  중국 요리든 한국 요리든 쌀이 주식인 요리는 입에 맞습니다.

함께 알아 두기

동일한 의미의 회화체 표현은 「〜にしても 〜にしても」이고, 문장체적인 표현은 「〜にせよ 〜にせよ」이다.

- 茶道にしろ華道にしろ日本の伝統文化は奥が深い。
  다도든 화도(꽃꽂이)든 일본의 전통문화는 심오하다.

- 入会するにしろ見学だけするにしろ申請書は出さなければならない。
  입회하든 견학만 하든 신청서는 내야 한다.

- 動物にしても植物にしても太陽の恩恵を受けて生きている。
  동물이든 식물이든 태양의 혜택을 받으며 살고 있다.

- チェックインが2時にしても3時にしてもまだ早すぎる。
  체크인이 2시든 3시든 아직 너무 이르다.

- 雨が降るにせよ降らないにせよ試合は続けます。
  비가 오든 안 오든 시합은 계속합니다.

- 平成にせよ令和にせよ元号では何年か分かりません。
  '헤이세이'든 '레이와'든 원호(연호)로는 (서기) 몇 년인지 모릅니다.

にすぎない

~에 지나지 않는다, ~에 불과하다, ~일 뿐이다

사물, 사람 등에 대해 낮게 평가할 때 사용하는 표현으로,「ただ 단지, 그저」,「わずか 고작」,「ほんの 그저」등과 같은 부사와 함께 쓰는 경우가 많다. 또한, 형용사에 접속하는 표현은 거의 없다.

- 私はただ仕事の一部を少し手伝ったに過ぎません。
  저는 그저 업무의 일부분을 조금 도왔을 뿐입니다.

- あの人は事実というより自分の意見を言っているに過ぎない。
  그 사람은 사실이라기보다 자신의 의견을 말하고 있는 것에 지나지 않는다.

- 検討してみるとその学者の主張は主観的な意見に過ぎなかった。
  검토해 보니 그 학자의 주장은 주관적인 의견에 불과했다.

- 彼女は私にとって親しい友だちに過ぎません。
  그녀는 저에게 있어서 친한 친구에 지나지 않습니다.

- そんな話はただの噂に過ぎないから気にしないでほしい。
  그런 이야기는 그저 소문일 뿐이니 신경 쓰지 말았으면 해.

> **함께 알아 두기**

「명사 + に過ぎない」와 비슷한 표현으로 「명사 + でしかない ~에 불과하다, ~일 뿐이다」가 있다.

・日本では生まれる子供が夫婦一組につき、1.2人に過ぎない。
일본에서는 태어나는 아이가 부부 한 쌍에 1.2명에 불과하다.

・彼の父親は有名な政治家だが彼は平凡な会社員に過ぎなかった。
그의 아버지는 유명한 정치인이지만 그는 평범한 회사원에 불과했다.

・この温泉にクマがけがを治しに来るというのはただの伝説に過ぎない。
이 온천에 곰이 다친 상처를 치료하러 온다는 것은 그저 전설일 뿐이다.

・彼がいくら説明してもそれは弁明でしかなかった。
그가 아무리 설명해도 그것은 변명에 지나지 않았다.

・夢はどこまでも夢でしかないと考えるのは自分だけだろうか。
꿈은 어디까지나 꿈에 불과하다고 생각하는 것은 나뿐일까?

・小学校でクラスが同じだった女友だちは結局友達でしかなかった。
초등학교에서 같은 반이었던 여자 친구는(여사친은) 결국 친구일 뿐이었다.

にせよ

~라고 하더라도, ~하든

'(만약) ~이더라도, ~가 되더라도'라는 뜻으로, 「～にしても ~라고 해도」의 격식 차린 표현이다. (074 「にしても」 참고)

- どのぐらい歩くにせよ歩きやすい靴を履いて行きましょう。
  얼마나 걷든 걷기 쉬운 신발을 신고 갑시다.

- 体の調子が悪いにせよこの成績はひどすぎる。
  컨디션이 안 좋다고 해도 이 성적은 너무 심하다.

- いくら面倒くさかったにせよ電気を消さないで帰るなんて。
  아무리 귀찮았다 하더라도 불을 끄지 않고 돌아가다니.

- それがどんなに重要であるにせよ人間の生命には代えられません。
  그것이 아무리 중요하더라도 인간의 생명에는 대신할 수 없습니다.

- わずかな金額であるにせよ領収書などの証明書類が必要だ。
  적은 금액이더라도 영수증 등의 증빙 서류가 필요하다.

> **함께 알아 두기**

～にせよ vs ～にしろ vs ～にしても

의미는 모두 같지만 「～にせよ」, 「～にしろ」는 문장체 표현이다.

- 俳優はどんなに難しいセリフであるにせよ全部覚えてしまう。
  배우는 아무리 어려운 대사일지라도 모두 외워 버린다.

- イベントが多彩であるにせよ感動できる内容がなければ意味がない。
  이벤트가 다채롭다 할지라도 감동할 수 있는 내용이 없으면 의미가 없다.

- 友達の家を訪ねるにしろ先に電話しないと会えないかもしれない。
  친구 집을 방문한다고 해도 먼저 전화하지 않으면 못 만날지도 모른다.

- 仕事がどんなに厳しいにしろもう少し我慢してみたらどうだろう。
  일이 아무리 힘들다고 해도 조금만 더 참아 보면 어떨까?

- その器がどんなに貴重であるにしても300万円もするのは理解できない。
  그 그릇이 아무리 귀하다고 해도 300만 엔이나 하는 것은 이해할 수 없다.

- 父親が日本人だったにしても彼女の日本語は完璧に近い。
  아버지가 일본인이었다고 해도 그녀의 일본어는 완벽에 가깝다.

● 회화에서는 「명사 + であっても」, 「명사 + でも」를 많이 사용한다.

- たとえ一人であっても心が通じる友達がいる。
  비록 한 명일지라도 마음이 통하는 친구가 있다.

- この辺りは都心でも緑が多い地域だ。
  이 근처는 도심이라도 초목이 많은 지역이다.

にそって
~에 따라, ~에 부응해서

'무엇인가로부터 벗어나지 않고, 떨어지지 않고'라는 뜻이다. 길이나 순서, 흐름, 방침, 기대, 희망 등을 나타내는 말과 함께 사용되는 경우가 많다.

명사 + に沿って

- 給料は会社の規定に沿って支払います。
  급여는 회사의 규정에 따라 지불합니다.

- 参加者の希望に沿って始まる時間が30分遅くなった。
  참가자의 희망에 따라 시작(하는) 시간이 30분 늦어졌다.

- 会議の結論に沿って新しい事業計画が立てられることになった。
  회의의 결론에 따라 새로운 사업 계획이 세워지게 되었다.

- 海に沿って道が伸びている。
  바다를 따라 길이 뻗어 있다.

- 駅前から公園に続く道路に沿って桜の木が植えられている。
  역 앞에서 공원으로 이어지는 도로를 따라 벚꽃 나무가 심어져 있다.

- 日本列島の東側に沿って台風が北上しています。
  일본 열도의 동쪽을 따라 태풍이 북상하고 있습니다.

> **함께 알아 두기**

～に沿(そ)って VS ～に即(そく)して

의미는 유사하지만, 「～に即(そく)して ~에 따라, ~에 입각하여」는 좀 딱딱한 느낌이 있어 문장에서 쓰는 경우가 많다.

- この問題(もんだい)は法律(ほうりつ)に沿(そ)って解決(かいけつ)するのが望(のぞ)ましい。
  이 문제는 법률에 따라 해결하는 것이 바람직하다.

- 動物(どうぶつ)の歩(ある)いた跡(あと)に沿(そ)って山道(やまみち)が作(つく)られたようだ。
  동물이 걸어간 흔적을 따라 산길이 만들어진 것 같다.

- 太平洋高気圧(たいへいようこうきあつ)の端(はし)に沿(そ)って暖(あたた)かく湿(しめ)った空気(くうき)が入(はい)って来(く)る。
  태평양 고기압의 가장자리를 따라 따뜻하고 습한 공기가 들어온다.

- 事実(じじつ)に即(そく)して事件(じけん)の経過(けいか)を整理(せいり)してみる。
  사실에 입각하여 사건의 경과를 정리해 본다.

- 警官(けいかん)は現場(げんば)の判断(はんだん)に即(そく)して行動(こうどう)することが求(もと)められる。
  경찰관은 현장의 판단에 따라 행동하는 것이 요구된다.

- 先輩(せんぱい)が経験(けいけん)に即(そく)して実際(じっさい)に起(お)きる問題(もんだい)とその解決方法(かいけつほうほう)を話(はな)してくれた。
  선배가 경험에 입각해 실제로 일어날 문제와 그 해결 방법을 이야기해 주었다.

079

にともなって

~함에 따라, ~하면서, ~에 동반하여

'어떤 변화에 따라 다른 쪽에도 변화가 일어난다', '어떤 일이 일어나면 그에 수반하여 다른 일이 함께 일어난다'는 것을 나타내는 표현이다. 동사와 접속할 경우에는 「の」를 붙일 수도 있다. 명사는 「する」를 붙이면 동사가 되는 동작성 명사와 함께 쓰인다.

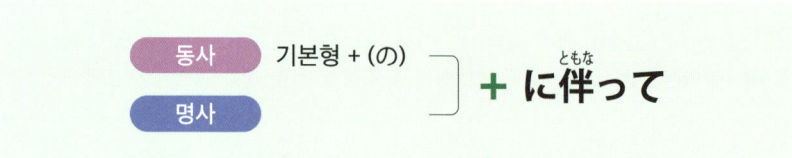

- 外国からの観光客が増える(の)に伴って「観光公害」が起きている。
  외국에서 온 관광객이 늘어남에 따라 '관광 공해'가 일어나고 있다.

- 子供が成長する(の)に伴って家族が一緒に過ごす時間が少なくなった。
  아이가 성장함에 따라 가족이 함께 보내는 시간이 적어졌다.

- 新しい駅ができる(の)に伴って大型スーパーも進出する。
  새로운 역이 생기면서 대형 슈퍼도 진출한다.

- 営業時間の変更に伴ってアルバイトの勤務時間も変わる。
  영업 시간의 변경에 따라 아르바이트의 근무 시간도 바뀐다.

- 大きな地震の発生に伴って相当の被害が出ることは確かです。
  대지진의 발생에 따라 상당한 피해가 나오는 것은 확실합니다.

함께 알아 두기

~に伴(ともな)って VS ~に従(したが)って

유사한 의미의「~に従(したが)って ~에 따라, ~함에 따라」는 '어떤 변화에 따라 (점차) 다른 것도 영향을 받아 변화한다'라는 뜻과 함께, 명령이나 지시, 규칙 등을 나타내는 명사에 붙여 '그에 거스르지 않고 행동한다'는 의미를 표현할 수도 있다.

- 公園(こうえん)の修理(しゅうり)に伴(ともな)って公園(こうえん)への出入(でい)りが禁止(きんし)された。
  공원의 수리에 따라 공원의 출입이 금지되었다.

- 大規模(だいきぼ)なイベントの開催(かいさい)に伴(ともな)って道路規制(どうろきせい)が実施(じっし)される。
  대규모 이벤트 개최에 따라 도로 규제가 실시된다.

- 地球温暖化(ちきゅうおんだんか)に伴(ともな)って生態系(せいたいけい)への影響(えいきょう)が心配(しんぱい)される。
  지구 온난화에 따라 생태계에 대한 영향이 우려된다.

- 物価(ぶっか)が安定(あんてい)するに従(したが)って消費(しょうひ)が活発(かっぱつ)になる。
  물가가 안정됨에 따라 소비가 활발해진다.

- 景気(けいき)が悪(わる)くなるに従(したが)って失業者(しつぎょうしゃ)の数(かず)が増加(ぞうか)する。
  경기가 나빠짐에 따라 실업자 수가 증가한다.

- 台風(たいふう)の接近(せっきん)に従(したが)って風(かぜ)が強(つよ)くなるでしょう。
  태풍의 접근에 따라 바람이 강해지겠습니다.

- マニュアルをよくお読(よ)みの上(うえ)、指示(しじ)に従(したが)ってご使用(しよう)ください。
  매뉴얼을 잘 읽어 보신 후에, 지시에 따라 사용해 주십시오.

- この矢印(やじるし)に従(したが)って、前(まえ)に進(すす)んでください。
  이 화살표를 따라서 앞으로 이동해 주세요.

にもかかわらず

~는데도 불구하고, ~임에도 불구하고

어떤 행동이나 상황에서 일반적으로 예상할 수 있는 결과가 아닐 때 쓰는 표현이다.

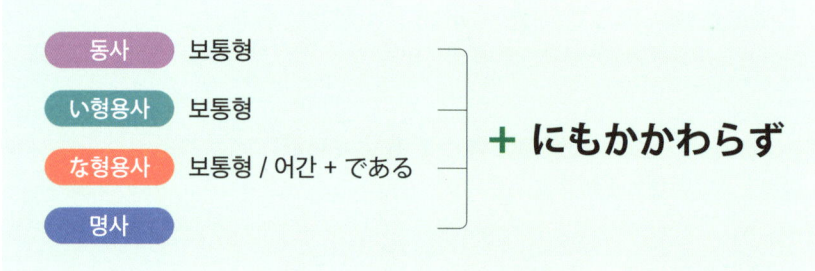

- 昨日8時間寝たにもかかわらず眠くて居眠りしてしまった。
  어제 8시간 잤는데도 불구하고 졸려서 졸고 말았다.

- 彼は周りがうるさいにもかかわらず読書に集中している。
  그는 주위가 시끄러운데도 불구하고 독서에 집중하고 있다.

- この作品は単純であるにもかかわらず深い感情を表現している。
  이 작품은 단순한데도 깊은 감정을 표현하고 있다.

- 子供のころスポーツが嫌いだったにもかかわらず今はプロで活躍している。 어릴 때 스포츠를 싫어했는데도 지금은 프로 선수로 활약하고 있다.

- 長い間の調査にもかかわらず真実は分からないままだ。
  오랜 기간 조사에도 불구하고 진실은 모르는 채이다. (알지 못하는 상태이다.)

- 雨にもかかわらず来てくださいましてありがとうございます。
  비가 오는데도 불구하고 와 주셔서 감사합니다.

> **함께 알아 두기**

〜のに

「〜にもかかわらず」는 주로 문장이나 격식 차린 자리에서 사용되는 경우가 많다. 일상 회화에서는 「〜のに」처럼 간단한 표현을 더 많이 쓴다. な형용사는 「어간 + な」, 명사는 「な」를 붙인다는 점에 유의하자.

- 初めて会ったのに友達のように親しみを感じる。
  처음 만났는데 친구처럼 친근함을 느낀다.

- 忙しいのに手伝ってくれてありがとう。
  바쁠 텐데 도와줘서 고마워.

- こんなに暗いのに電気もつけないで本を読んだら目が悪くなる。
  이렇게 어두운데 불도 켜지 않고 책을 읽으면 눈이 나빠진다.

- 本当は彼女が好きなのに顔を見ると何も言えません。
  사실은 그녀를 좋아하는데 얼굴을 보면 아무 말도 못합니다.

- 機能は同じなのにデザインが違うだけで値段が変わる。
  기능은 똑같은데 디자인이 다른 것만으로 가격이 달라진다.

- 約束は午後3時なのに1時間前に着いてしまいました。
  약속은 오후 세 시인데 한 시간 전에 도착해 버렸습니다.

확인 문제　JLPT 문법_ 문법형식 판단 유형

다음 문장의 (　　)에 넣기에 가장 적당한 것을 1·2·3·4에서 하나 고르세요.

① 人は長生きする(　　)がどうせなら幸せに生きたい。
　1　に越したことはない　　2　に相違ない
　3　に他ならない　　　　　4　に比べられない

② ひどいことを言われて黙っているから何か(　　)。
　1　言わないでもよかった　　2　言わないではいられなかった
　3　言わないことはなかった　4　言わないとはかぎらなかった

③ 決済するにあたってはカード(　　)現金(　　)手数料がかかります。
　1　にしろ　にしろ　　　　2　になれ　になれ
　3　として　として　　　　4　とでも　とでも

④ 今日は(　　)出勤になったので一日損した気分だ。
　1　休日になったから　　　2　休日だったために
　3　休日であるからは　　　4　休日でありながら

⑤ 会社の方針は経営者の意向(　　)決められることが多い。
　1　にとって　2　に沿って　3　に先立ち　4　に遅れて

어휘

長生きする 장수하다, 오래 살다　　どうせなら 이왕이면　　黙る 말을 하지 않다
決済 결제　　手数料 수수료　　損する 손해 보다　　方針 방침　　意向 의향

6 来年は留学生を募集する（　　）入学金を免除することにした。

1　に関して　2　に対して　3　にあたって　4　に応じて

7 大学の交流会は楽しく（　　）が時間が短すぎる。

1　なくてもいい　　　　2　なかったらない
3　ないことはない　　　4　なければいい

8 あとから報告（　　）今は現場の判断で対応するしかない。

1　するにせよ　　　　2　するときも
3　したにせよ　　　　4　したときも

9 医者に早く退院でき（　　）相談した。

1　なかったのか　　　2　なくなかったか
3　ないようか　　　　4　ないものか

10 これは表面的な分析に（　　）のでもっと本質に迫る考察が必要だ。

1　ならない　2　過ぎない　3　限らない　4　合わない

募集 모집　免除 면제　交流会 교류회　現場 현장　判断 판단　対応 대응　分析 분석
本質 본질　迫る 다가오다, 다가가다　考察 고찰, 깊이 생각하고 연구함

확인 문제　JLPT 문법_ 문장 만들기 유형

다음 문장의 ___★___ 에 들어가기에 가장 적당한 것을 1·2·3·4에서 하나 고르세요.

1. 暇だから友達に＿＿＿＿ ＿＿＿＿ ★ ＿＿＿＿ みんな忙しい。
   1　限って　　2　すると　　3　そんな日に　　4　連絡

2. テレビで政治家の＿＿＿＿ ＿＿＿＿ ★ ＿＿＿＿ やっていた。
   1　役割　　2　討論会を　　3　に　　4　関する

3. 服が自分に合うかどうかは＿＿＿＿ ＿＿＿＿ ★ ＿＿＿＿ 分からないでしょう。
   1　こと　　2　みない　　3　着て　　4　には

4. 団体の＿＿＿＿ ＿＿＿＿ ★ ＿＿＿＿ 出さなければなりません。
   1　に
   2　パスポートを
   3　海外旅行
   4　先だって

5. 昔は＿＿＿＿ ＿＿＿＿ ★ ＿＿＿＿ が決められていた。
   1　住居や　　2　身分に　　3　職業　　4　応じて

어휘

政治家 정치가, 정치인　役割 역할　討論会 토론회　住居 주거, 주거지
身分 신분, 사회적인 지위

6 交通カードは今後 ＿＿ ＿＿ ★ ＿＿ 利用が可能になる。
 1 地方　　2 大都市に　　3 限らず　　4 でも

7 部屋に電気が ＿＿ ＿＿ ★ ＿＿ 出かけてしまった。
 1 いた　　　　　　2 かかわらず
 3 にも　　　　　　4 ついて

8 2車線だった ＿＿ ＿＿ ★ ＿＿ 交通量が大幅に増える見込みだ。
 1 伴って　　2 のに　　3 道路が　　4 広がる

9 カフェの中は ＿＿ ＿＿ ★ ＿＿ 気にしなくていい。
 1 騒がしい　　2 しても　　3 に　　4 人の目を

10 消費者の ＿＿ ＿＿ ★ ＿＿ を発売した。
 1 に　　2 ニーズ　　3 応えて　　4 新商品

車線 차선　大幅に 큰 폭으로, 대폭　見込み 예상, 전망　騒がしい 시끄럽다, 소란하다
消費者 소비자　発売 발매, 출시

にもとづいて

~을 바탕으로, ~을 기준으로

어떤 것을 근거로, 혹은 토대로 한다는 것을 나타내는 표현이다. 법률이나 규칙, 사실, 경험, 자료, 원리, 사상 등과 같은 단어가 사용되는 경우가 많고, 계약서나 법률 등에서 많이 쓰인다.

명사 + に基づいて

- リーダーは自分の経験に基づいて問題の解決方法を考える。
  지도자는 자신의 경험을 바탕으로 문제의 해결 방법을 생각한다.

- 残された記録に基づいて500年前の祭りが復活しました。
  남겨진 기록에 따라 500년 전의 축제가 부활했습니다.

- 外国で犯した犯罪はその国の法律に基づいて裁かれる。
  외국에서 저지른 범죄는 그 나라의 법률에 근거해서 재판을 받는다.

- この作品は昔から伝わる伝説に基づいて作られた。
  이 작품은 옛날부터 전해져 온 전설을 바탕으로 만들어졌다.

- 代表選手はこれまでの試合の成績に基づいて選ばれます。
  대표 선수는 지금까지의 시합 성적을 기준으로 선발됩니다.

- この会社ではそれぞれの社員の個性に基づいて配置を決めている。
  이 회사에서는 각각 사원의 개성을 바탕으로 배치를 정하고 있다.

> **함께 알아 두기**

명사를 수식할 경우는 「～に基づく + 명사」, 「～に基づいた + 명사」, 「～に基づいての + 명사」의 형태로 쓴다.

- 弁護士の証拠に基づく主張はとても説得力がある。
  변호사의 증거에 의거한 주장은 매우 설득력이 있다.

- 噂話に基づく判断では本当のことは分からないでしょう。
  소문에 근거한 판단으로는 진실은 알 수 없을 것입니다.

- 粘り強い取材に基づいた記事は読む価値があります。
  끈질긴 취재를 바탕으로 한 기사는 읽을 만한 가치가 있습니다.

- 仮説に基づいた実験を通じてその理論が証明された。
  가설을 바탕으로 한 실험을 통해 그 이론이 증명되었다.

- 虚偽に基づいての主張は認められない。
  허위에 근거한 주장은 인정되지 않는다.

- 問題に対しては社内規定に基づいての対応をする。
  문제에 대해서는 사내 규정에 따른 대응을 한다.

ぬく

끝까지 ~하다, 철저하게 ~하다

어떤 일을 끝까지 전부 다한다는 의미로, 힘든 것을 참고 마지막까지 해낸다는 뉘앙스가 있다.

> 동사 ます형 + ぬく

- 進路について悩みぬいて結局アメリカに留学することにした。
  진로에 대해 계속 고민하다가 결국 미국으로 유학 가기로 했다.

- 長い間考えぬいた後で自分の考えを先生に伝えました。
  오랫동안 생각한 끝에 제 생각을 선생님께 전했습니다.

- やはり苦労しぬいた人の言葉には重みがある。
  역시 온갖 고생을 한 사람의 말에는 무게가 있다.

- これまで何度も戦ってきた相手だから弱点は知りぬいている。
  지금까지 몇 번이나 싸워 온 상대이기 때문에 약점은 너무 잘 알고 있다.

- 全国の予選を勝ちぬいてきた50校がこの競技場に集まった。
  전국 예선을 이겨 온 50개 학교가 이 경기장에 모였다.

- 外国で様々な困難を乗り越えながら生きぬいてきた。
  외국에서 여러 가지 어려움을 극복하면서 꿋꿋하게 살아왔다.

> 함께 알아 두기

～ぬく VS ～きる

「～ぬく 끝까지 ~하다」와 「～きる 완전히(전부) ~하다」는 '끝까지 해냈다'라는 의미는 유사하지만 뉘앙스에 차이가 있다.
「～ぬく」는 마지막 단계에 이르기까지의 '과정'을 중요시하고 '어려움을 극복한다'는 뉘앙스가 강하다면 「～きる」는 끝난 순간, 즉 '완료'에 주목한다. 예문을 통해 살펴보자.

● 「～きる」로 대체 불가능한 경우

- 半年間の厳しい訓練に耐えぬいて残った人は100人のうち10人だけだった。(✗ 耐えきって～)
  반년 간의 혹독한 훈련을 견뎌 내고 남은 사람은 100명 중 10명뿐이었다.

- 100年続いたこの店をこれからも守りぬく。(✗ 守りきる)
  100년 이어진 이 가게를 앞으로도 끝까지 지켜낼 것이다.

● 「～きる」로 대체 가능한 경우

- ピッチャーは延長13回を投げぬいて勝利に貢献した。
  투수는 연장전 13회를 끝까지 던지며 승리에 공헌(기여)했다.
  ＝ ピッチャーは延長13回を投げきって勝利に貢献した。

- サッカーの試合でゴールを守りぬいたキーパーが注目された。
  축구 시합에서 골을 끝까지 지켜 낸(골대를 끝까지 막은) 골키퍼가 주목받았다.
  ＝ サッカーの試合でゴールを守りきったキーパーが注目された。

のうえで(は)

~상으로(는), ~상

형식, 형태, 범주 등을 나타내는 단어에 붙여서 '그 개념 내에서, 그 개념으로'라는 의미로 사용한다.

- 手続きの上で本人であることを証明する書類が必要です。
  절차상 본인임을 증명하는 서류가 필요합니다.

- 憲法の上で国民の人権が保障されている。
  헌법상 국민의 인권이 보장되어 있다.

- 形の上でこの事件は民事事件として処理される。
  형태상으로 이 사건은 민사 사건으로 처리된다.

- 書類の上では会社になっているが実態がありません。
  서류상으로는 회사로 되어 있지만 실체가 없습니다.

- 言葉の上では賛成していてもいくつか条件を要求している。
  말로는 찬성하고 있어도 몇 가지 조건을 요구하고 있다.

- 見かけの上では複雑そうに見えますが、実は単純で簡単です。
  겉으로 보기에는 복잡해 보이지만 실은 단순하고 간단합니다.

함께 알아 두기

～上(じょう)

유사 표현인 「～上」는 「健康上 건강상」, 「理論上 이론상」 등 한자어(한자로 이루어진 2음절 이상의 단어)에 연결되는 경우가 많다.

- このマンションは構造上は地震に強い設計をしてあります。
  이 맨션은 구조상으로는 지진에 강한 설계를 해 두었습니다. (강하게 설계되어 있습니다.)

- 健康上の理由で会をやめることにします。
  건강상의 이유로 모임을 그만두기로 하겠습니다.

- 理論上は月に新しい都市を作ることは可能です。
  이론상으로는 달에 새로운 도시를 만드는 것은 가능합니다.

- 外見上はこれらの事件に共通点はないようです。
  외견상으로는 이들 사건에 공통점은 없는 것 같습니다.

동사 기본형 + 上(うえ)で

'무엇인가를 하는 데 있어서'라는 의미이다.

- 雪道を走る上でスノータイヤが不可欠です。
  눈길을 달리는 데 있어서 스노타이어가 불가결합니다. (필수적입니다.)

- ペットを飼う上で近所の人とトラブルが起きるのが心配だ。
  반려동물을 키우는 데 있어서 이웃 사람과 트러블이 일어나는 것이 걱정이다.

のことだから

~이기 때문에

주로 사람을 나타내는 명사에 붙여 사용하는 표현으로, 친구나 가족처럼 잘 알고 있는 사람에 대해, 그 사람의 평소 행동이나 성격 등으로 추측이나 판단을 할 때 사용한다.

명사 + のことだから

- 田中さんのことだから皆に旅行のお土産を配ってくれるよ。
  다나카 씨니까 모두에게 여행 기념품을 나누어 줄 거야.

- まじめな課長のことだから必ず出張の報告書を出すように言うでしょう。
  성실한 과장님이니까 반드시 출장 보고서를 내라고 할 겁니다.

- 甘いものが大好きなジュンのことだからきっと喜ぶと思う。
  단것을 무척 좋아하는 준이니까 분명 기뻐할 거라고 생각해.

- お母さんのことだからテストの点数を見せたら怒るだろうな。
  어머니라면 시험 점수를 보여 주면 화내겠지.

- あの人のことだ。きっと今夜も遅くまでお酒を飲んで帰ってくるんじゃない？
  그 사람이라면 분명 오늘 밤도 늦게까지 술을 마시고 돌아오지 않을까?

- いつも時間を守らない彼のことだから30分は遅れると思ったほうがいいね。
  그는 항상 시간을 지키지 않으니까 30분은 늦는다고 생각하는 편이 좋겠어.

함께 알아 두기

특정한 사람 이름이나 직책 등에 붙여 쓰는 표현이기 때문에 일반 명사에는 연결할 수 없다.

✗ 留学生のことだから日本語はあまり上手じゃないでしょう。
→ **留学生**だから日本語はあまり上手じゃないでしょう。
　유학생이니까 일본어는 별로 잘하지 못할 거예요.

✗ 大きいスーパーのことだからきっと安いと思います。
→ 大きい**スーパー**だからきっと安いと思います。
　큰 슈퍼이니까 분명히 쌀 거예요.

✗ 夏休みのことだからバスや電車に学生が少ない。
→ **夏休み**だからバスや電車に学生が少ない。
　여름 방학이라서 버스나 전철에 학생이 적다.

のだ

~인 것이다, ~이다

앞의 말을 다른 말로 바꿔 말하거나 자신의 주장을 하거나 상대방의 말을 이해하고 납득하는 등의 다양한 의미가 있다. 「〜のだ」의 회화체 표현은 「〜んだ」이다.

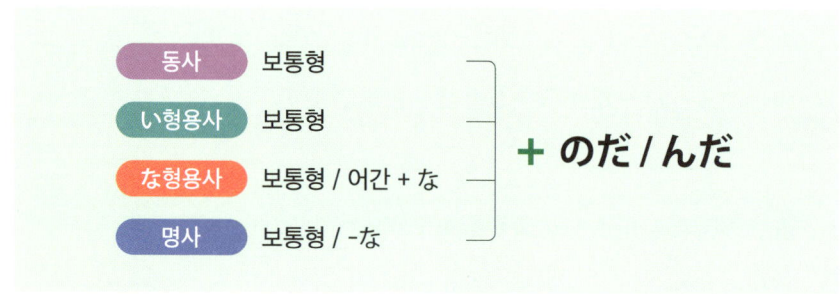

> 다른 말로 바꾸기

- 育児休暇を取る男性が増えている。育児を女性だけに任せる時代は終わったのだ。
  육아 휴가를 쓰는 남성이 늘고 있다. 육아를 여성에게만 맡기는 시대는 끝난 것이다.

- 朝起きるのが辛いし、食欲もないし…。このごろ調子が悪いんだ。
  아침에 일어나기가 힘들고 식욕도 없고…. 요즘 컨디션이 좋지 않은 거지.

- 彼は何事も慎重だというけど、結局臆病なのだ。
  그는 매사에 신중하다고 하지만 결국 겁쟁이인 것이다.

- 二人が出会ったのはただの偶然じゃない。これは運命なんだ！
  두 사람이 만난 것은 단지 우연이 아니야. 이건 운명이야!

- 自分がしたいことだけして譲ることを知らない。まだ子供なのだ。
  자기가 하고 싶은 것만 하고 양보할 줄을 몰라. 아직 어린애인 거지.

주장

- どんなに止めても今度の計画は必ず実行するんだ。
  아무리 말려도 이번 계획은 반드시 실행할 거야.

- 失敗を恐れない人だけが成功するのです。
  실패를 두려워하지 않는 사람만이 성공하는 것입니다.

이해

- A この近くで大きな事故が起きたみたいです。
  이 근처에서 큰 사고가 난 것 같아요.
  B だから救急車が何台も来たんですね。
  그래서 구급차가 몇 대나 온 거였군요.

- A 田中さん、来月結婚するそうですよ。
  다나카 씨, 다음 달에 결혼한대요.
  B それでこのごろ幸せそうな顔していたんですね。
  그래서 요즘 행복한듯한 얼굴을 하고 있었군요.

- A この店は毎日新鮮な材料を直接市場で選んでくるそうですよ。
  이 가게는 매일 신선한 재료를 직접 시장에서 골라 온대요.
  B だからどの料理もおいしいんですね。
  그래서 모든 요리가 맛있는 것이군요.

- A 昨日から道路工事が始まりました。
  어제부터 도로 공사가 시작됐습니다.
  B それで一日中うるさいんだ。
  그래서 하루 종일 시끄러운 거구나.

・A この話は大学の先生が教えてくれたから信用できる。
　　이 이야기는 대학교수가 알려 주었기 때문에 신용할 수 있어.
　B じゃ、今度は確実なんだね。
　　그럼, 이번에는 확실한 거네.

・A 今日はお祭りだから面白いイベントもありますよ。
　　오늘은 축제라서 재미있는 이벤트도 있어요.
　B だからこんなににぎやかなんですね。
　　그래서 이렇게 붐비는 거군요.

・A 原さんのお父さんは科学者でお母さんは数学の先生だって。
　　하라 씨 아버지는 과학자이고 어머니는 수학 선생님이래.
　B だから大学も理系なんだね。
　　그래서 대학도 이공계인 거구나.

・今日は月曜日か。それで図書館が休館だったんだ。
　오늘은 월요일인가? 그래서 도서관이 휴관이었구나.

のもとで
~아래에서, ~밑에서, ~하에서

'어떤 제도나 사람 등의 영향을 받는 범위에서'라는 의미를 나타내는 표현이다. 「〜のもとに ~아래에서」, 「〜のもと ~아래」 등의 형태로도 쓰인다.

명사 + のもとで

- 彼女は優しい両親のもとで幸せな子供時代を過ごした。
  그녀는 상냥한 부모님 밑에서(슬하에서) 행복한 어린 시절을 지냈다.

- 新入社員は先輩社員の指導のもとで2泊3日の研修を受ける。
  신입 사원은 선배 사원의 지도 아래 2박 3일의 연수를 받는다.

- 彼は代表選手に選ばれて今は厳しいコーチのもとで練習に専念している。
  그는 대표 선수로 뽑혀 지금은 엄격한 코치 아래서 연습에 전념하고 있다.

- あの人は国際医療奉仕団の旗のもとで多くの仲間と活動を続けた。
  저 사람은 국제 의료 봉사단의 깃발 아래서 많은 동료들과 활동을 계속했다.

- 民主主義体制のもとで議会は重要な役割を果たしています。
  민주주의 체제 하에서 의회는 중요한 역할을 하고 있습니다.

- 理事会のもとで話し合いを通じた会社の運営が行われています。
  이사회 아래서 협의를 통한 회사 운영이 이루어지고 있습니다.

> **함께 알아 두기**

명사를 수식할 때는 「～のもとでの + 명사」의 형태가 된다. 이때 해석은 '~하(아래)에서의 ~'라고 하기 보다는 '~하(아래)에서 ~하다'라고 하는 것이 자연스럽다.

- あの頃、経営合理化のもとでの大量のリストラが進んだ。
  그 무렵, 경영 합리화 아래에서 대량 구조 조정이(정리 해고가) 진행되었다.

- 双方合意のもとでの契約に間違いありません。
  쌍방 합의 하에 계약하는 것이 틀림없습니다.

- 静かな環境のもとでの団体生活が１か月続いた。
  조용한 환경에서 단체 생활이 한 달간 이어졌다.

- 厳しい監視のもとでの作業は朝早くから夜遅くまで続く。
  엄격한 감시 하에 작업은 아침 일찍부터 밤늦게까지 계속된다.

- 自由な雰囲気のもとでの自律的な学習がこの学校の特徴です。
  자유로운 분위기 아래에서 자율적인 학습을 하는 것이 이 학교의 특징입니다.

- 新しく編成したチームのもとでの活発な練習が行われている。
  새로 편성된 팀에서 활발한 연습이 실시되고 있다.

- 強い日差しのもとでの栽培で野菜が順調に育っている。
  강한 햇볕 아래에서 재배되어 야채가 순조롭게 자라고 있다.

ばかりか

~뿐만 아니라

어떤 행동이나 성질이 한 가지뿐만 아니라 다른 부분도 동시에 갖고 있다는 것을 나타내는 표현으로 문장체 표현이다. 회화에서는「〜だけではなく/〜だけじゃなく ~뿐만 아니라」를 많이 쓴다.

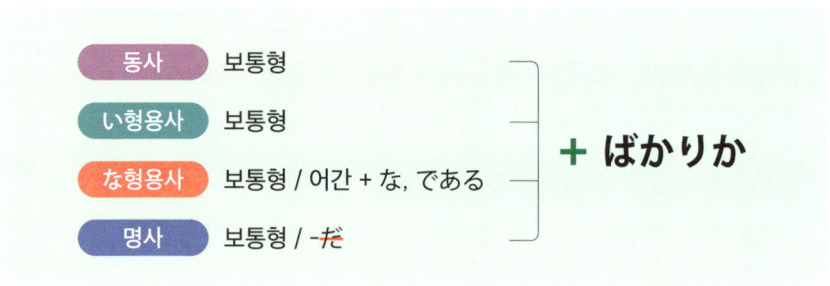

- 彼は歌を作曲するばかりか作詞、編曲もするし歌も歌う。
  그는 노래를 작곡할 뿐만 아니라 작사, 편곡도 하고 노래도 부른다.

- この牛乳は味が濃いばかりか栄養分も豊富です。
  이 우유는 맛이 농후할 뿐만 아니라 영양분도 풍부합니다.

- スイスは山が美しかったばかりか空気もきれいで住みたくなりました。　스위스는 산이 아름다웠을 뿐만 아니라 공기도 깨끗해서 살고 싶어졌습니다.

- あの人は考え方が単純なばかりか経験も少ないので信頼できない。
  그 사람은 사고방식이 단순할 뿐만 아니라 경험도 적어서 신뢰할 수 없다.

- この頃は入学式ばかりか卒業式にも親が一緒に来ない学生が多い。
  요새는 입학식뿐만 아니라 졸업식에도 부모가 함께 오지 않는 학생이 많다.

> **함께 알아 두기**

～ばかりか vs ～ばかりで(は)なく

두 표현 모두 '~뿐만 아니라'라는 의미를 가지고 있어 서로 대체해서 사용 가능하다. 그러나 「～ばかりか」 뒤에는 권유나 명령 표현이 오지 않는다.

- 有名な作家の家を訪ねて写真を撮ったばかりか食事まで一緒にした。
  유명한 작가의 집을 방문하여 사진을 찍었을 뿐만 아니라 식사까지 같이 했다.

- 最近は食欲が旺盛なばかりか運動する時間もないので太ってしまった。
  요즘은 식욕이 왕성할 뿐만 아니라 운동할 시간도 없어서 살이 쪄 버렸다.

- 今人気の韓国商品は食品や化粧品ばかりかシャンプーから携帯電話ケースまである。
  지금 인기 있는 한국 상품은 식품이나 화장품뿐만 아니라 샴푸부터 휴대폰 케이스까지 있다.

- 機能が優れているばかりではなくデザインも魅力的だ。
  기능이 훌륭할 뿐만 아니라 디자인도 매력적이다.

- 風邪を引いて熱があるばかりでなく咳もひどい。
  감기에 걸려서 열이 있을 뿐만 아니라 기침도 심하다.

- この国は貿易が盛んなばかりでなく資源にも恵まれている。
  이 나라는 무역이 활발할 뿐만 아니라 자원도 풍부하다.

○ 学校ばかりでなく家でも勉強しましょう。(✗ 学校ばかりか)
  학교뿐만 아니라 집에서도 공부합시다.

○ 質問するばかりでなくまず自分で考えなさい。(✗ 質問するばかりか)
  질문만 하지 말고 우선 스스로 생각해 봐라.

はさておき

~은 잠시 접어(덮어) 두고, ~은 차치하고

어떤 행동이나 대상에 대해 지금은 일단 보류 상태로 놔두고 (나중에 해결하기로 하고) 다른 것을 먼저 하자고 할 때 쓰는 표현이다.「〜はさておいて」의 형태로도 쓴다.

> 명사 + はさておき

- 仕事のことはさておき、今は健康回復に専念しましょう。
  일은 잠시 접어 두고 지금은 건강 회복에 전념합시다.

- 火災の原因はさておき、今は火がこれ以上広がらないようにしなければならない。
  화재 원인은 일단 접어 두고 지금은 불이 더 이상 번지지 않도록 해야 한다.

- 成績はさておき、こんなに欠席が多かったら3年生になれないかもしれない。
  성적은 둘째 치고 이렇게 결석이 많으면 3학년으로 올라가기가 어려울지도 모른다.

- 今度のメニューは値段はさておいて味や健康を考えたら話題になるのは間違いない。
  이번의 메뉴는 가격을 떠나 맛과 건강을 생각하면 화제가 될 것임에 틀림없다.

> **함께 알아 두기**

● 동사와 형용사에 접속할 때는 의문 조사 「か」를 붙여 「～か(どうか) + はさておき」의 형태로 쓴다.

・実際に行くかどうかはさておき、その地域の情報を集めよう。
실제로 갈지 말지는 차치하고 그 지역의 정보를 수집하자.

・よくできたかどうかはさておき、答えは全部書いて出しました。
잘 맞췄는지 어떤지는 제쳐 두고 답은 전부 써서 냈습니다.

・そのイヌが賢いかはさておいて一人で暮らす老人の友達にはなるでしょう。
그 강아지가 똑똑한지는 일단 덮어 두고 혼자 사는 노인의 친구는 될 것입니다.

・体にいいか悪いかはさておいて毎日薬ばかり飲むのは嫌だ。
몸에 좋을지 나쁠지는 둘째 치고 매일 약만 먹는 것은 싫다.

● 「～はさておき」와 유사한 표현으로 「～はともかく(として) ~은 제쳐 두고, ~은 그렇다 치고」가 있는데, 회화에서는 「～はともかく」를 많이 쓴다.

○ 犯人が誰かはさておき、ドラマとしてはとても面白い。
○ 犯人が誰かはともかくドラマとしてはとても面白い。
범인이 누구인지는 잠시 접어 두고 드라마로서는 매우 재미있다.
(범인이 누구인지는 몰라도 드라마로서는 매우 재미있다.)

○ 冗談はさておき、仕事は早く終わらせよう。
○ 冗談はともかく仕事は早く終わらせよう。
농담은 접어 두고(그만두고) 일은 빨리 끝내자.

はもとより

~은 물론이고

'이것은 당연하고 그보다 더 정도가 강한 것도 한다'라는 의미의 표현이다.

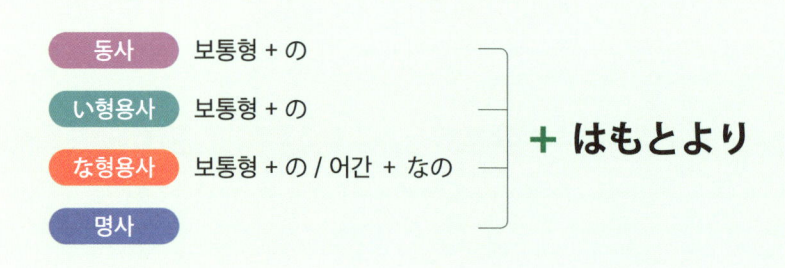

- 茶道教室では着物を着るのはもとより伝統的な礼儀についても学ぶ。
 다도 교실에서는 기모노를 입는 것은 물론 전통적인 예의범절에 대해서도 배운다.

- 引っ越した家は駅から近いのはもとより買い物にも便利で部屋も広い。
 이사 간 집은 역에서 가까운 것은 물론이고 쇼핑하기도 편리하고 방도 넓다.

- 新発売のエアコンは家族の多い家庭に最適なのはもとより経済性にも優れている。
 새로 출시된 에어컨은 가족이 많은 가정에 최적인 것은 물론이고 경제성도 뛰어나다.

- まだ小学生なのに挨拶はもとより言葉遣いもしっかりしている。
 아직 초등학생인데도 인사는 물론이고 말투도 야무지다.

- インターネットを使えば都会はもとよりどんな田舎にいてもビジネスは可能だ。
 인터넷을 사용하면 도시는 물론이고 어떤 시골에 있어도 비즈니스는 가능하다.

> 함께 알아 두기

~はもちろん

동일한 의미의 회화체 표현 「~はもちろん ~은 물론」은 뒤에 「~ですが ~입니다만」, 「~で ~이고」 등의 말을 붙일 수 있지만 「~はもとより」 뒤에는 붙일 수 없다.

- 朝晩気温が低くなるのはもちろんですが、日中も20度以下になるでしょう。
  아침저녁으로 기온이 낮아지는 것은 물론이지만 낮에도 20도 이하가 되겠습니다.

- 悪い生活習慣は健康はもちろんのこと、精神面にも影響を与えます。
  나쁜 생활 습관은 건강은 물론, 정신적인 면에도 영향을 미칩니다.

- このチケットは電車、バスはもちろんのこと、ショッピングにも使える。
  이 티켓은 전철, 버스는 물론, 쇼핑에도 사용할 수 있다.

- 彼が1位になるのはもちろんだとしてもその次が誰になるか分からない。
  그가 1위가 되는 것은 당연하다고 해도 그다음이 누가 될지 모른다.

- 問題が難しいのはもちろんで分量も多いから最後までできないこともある。 문제가 어려운 것은 물론이고 분량도 많아서 끝까지 못 푸는 경우도 있다.

- この時期、雨が多いのはもちろんで台風が来ることも多い。
  이 시기에는 비가 많은 것은 물론이고 태풍이 오는 경우도 많다.

までして

~까지 해서

극단적인 상황을 예로 들면서 '이런 것까지 했는데 결과는 그에 미치지 못했다', '그런 것까지 해서 ~할 생각은 없다, ~하고 싶지 않다, ~해서는 안 된다' 등을 나타낼 때 사용하는 표현이며, 「する」를 붙이면 동사가 되는 동작성 명사와 함께 쓰인다.

> 명사 + までして

- 借金までして外国車を買ったのに故障ばかりしている。
  빚까지 내서 외제 차를 샀는데 자꾸 고장 나기만 한다.

- 高い保険に加入までして海外旅行の計画を立てたのに結局行けなくなった。 비싼 보험에 가입까지 해서 해외여행 계획을 세웠는데 결국 못 가게 됐다.

- 昨日徹夜までして準備したおかげで今日のプレゼンは成功した。
  어제 철야까지 해서 준비한 덕분에 오늘 프레젠테이션은 성공했다.

- 交通違反までして急がなくてはならないことではなかったのに。
  교통 위반까지 해서 서둘러야 할 일은 아니었는데.

- 人をだますなんて、そこまでしてお金がほしいと思わない。
  사람을 속이다니 그렇게까지 해서 돈을 갖고 싶지 않다.

함께 알아 두기

동사에 접속할 때는 「동사 て형 + まで ~해서까지, ~하면서까지」의 형태로 쓴다.
(045 「てまで」 참고)

・借金してまで外国車を買いたくない。
빚을 내서까지 외제 차를 사고 싶지 않다.

・交通違反をしてまで急いで走ってはいけません。
교통 위반을 해서까지 급하게 달려서는 안 됩니다.

・いくら有名な店でも30分も並んでまで食べたくありません。
아무리 유명한 집이라도 30분이나 줄 서서까지 먹고 싶지 않습니다.

・新幹線のキップがないといっても高速バスに乗ってまで東京に行くつもりはない。
신칸센 표가 없다고 해도 고속버스를 타서까지 도쿄에 갈 생각은 없다.

・会社でお酒を飲む機会が多くても薬を飲んでまで飲み続けるのはおかしい。
회사에서 술을 마실 기회가 많아도 약을 먹으면서까지 계속 마시는 것은 이상하다.

・お金を貯めるのはいいが、ご飯を減らしてまで節約するのは無理がある。
돈을 모으는 것은 좋지만 밥을 줄여서까지 절약하는 것은 무리가 있다.

・せっかく入った会社を辞めてまで研究したいものは何ですか。
애써 들어간 회사를 그만두면서까지 연구하고 싶은 것은 무엇인가요?

・家族に嘘をついてまで彼氏と旅行に行ったのに最後はけんかをして別れてしまった。
가족에게 거짓말을 해서까지 남자 친구와 여행을 갔는데 마지막에는 싸워서 헤어지고 말았다.

もかまわず

~도 상관없이, ~도 아랑곳하지 않고, ~도 신경 쓰지 않고

보통 신경을 써야 할 상황이지만 개의치 않을 때 쓰는 표현이다.

동사	보통형 + の	
い형용사	보통형 + の	+ もかまわず
な형용사	보통형 + の / 어간 + なの	
명사		

- 雨が降っているのもかまわず外で遊んでいた昔が懐かしい。
  비가 내리는 것도 아랑곳하지 않고 밖에서 놀던 옛날이 그립다.

- 道が暗いのもかまわず走って行ったら何かに躓いて転んでしまった。
  길이 어두운 것도 아랑곳하지 않고 뛰어갔더니 뭔가에 걸려 넘어지고 말았다.

- 彼は出された食事が粗末なのもかまわずおいしそうに食べた。
  그는 나온 식사가 형편없는 것도 개의치 않고 맛있게 먹었다.

- 隣の部屋の学生は時間もかまわずに大きな音で音楽を聞いている。
  옆방 학생은 시간도 상관하지 않고 큰 소리로 음악을 듣고 있다.

- 人の感情もかまわずに言った言葉が心を傷つけることがある。
  사람의 감정도 신경 쓰지 않고 내뱉은 말이 마음에 상처를 입히는 경우가 있다.

함께 알아 두기

「かまわず」가 들어간 관용 표현

人目(ひとめ)もかまわず: 남의 눈도 신경 쓰지 않고
- 電車(でんしゃ)のホームで人目(ひとめ)もかまわずキスしている男女(だんじょ)に驚(おどろ)いた。
  전철 플랫폼에서 남의 눈치 보지 않고 키스하는 남녀에 깜짝 놀랐다.

なりふりかまわず: 물불 가리지 않고
- 生活(せいかつ)が苦(くる)しい時(とき)はなりふりかまわずどんな仕事(しごと)でもします。
  생활이 어려울 때는 물불 가리지 않고 어떤 일이라도 합니다.

所(ところ)かまわず: 아무 데서나, 아무 데나
- 夜(よる)になると道路(どうろ)にところかまわずタバコを捨(す)てる人(ひと)が多(おお)い。
  밤이 되면 도로에 아무 데나 담배 꽁초를 버리는 사람이 많다.

あたりかまわず: 거리낌 없이, 아랑곳하지 않고
- 夜中(よなか)にあたりかまわず大声(おおごえ)を出(だ)して歩(ある)く人(ひと)がいる。
  한밤중에 아랑곳하지 않고 큰 소리를 내며 걷는 사람이 있다.

もしない
~도 하지 않다

상대방이 기대하는 행동을 전혀 하지 않는 것을 보고 불만 등을 나타낼 때 주로 쓴다.

동사 ます形 **＋ もしない**

- 挨拶してもこちらを見もしないで行ってしまうのは失礼です。
  인사해도 이쪽을 보지도 않고 가 버리는 것은 실례입니다.

- 子供は、朝ご飯を作っても時間がないからと食べもしないで家を出た。
  아이는 아침밥을 만들어도 시간이 없다고 먹지도 않고 집을 나갔다.

- 信号を確かめもしないで道路に出るのは危険です。
  신호를 확인도 하지 않고 도로에 나가는 것은 위험합니다.

- 田中さんは自分が悪かったのに謝りもしない。
  다나카 씨는 자신이 잘못했는데 사과도 하지 않는다.

- テレビショッピングを見ると使いもしないのにすぐ注文する人がいる。
  홈 쇼핑을 보면 쓰지도 않는데도 바로 주문하는 사람이 있다.

- 宝くじに当たるなんて思いもしなかった。
  복권에 당첨되다니 생각지도 못했다.

> **함께 알아 두기**

- 「見もしない」와 유사한 관용 표현 중에 「見向きもしない 거들떠보지도 않는다, 쳐다보지도 않는다」가 있다.

・挨拶してもこちらに見向きもしないで行ってしまうのは失礼です。
인사해도 이쪽을 거들떠보지도 않고 가 버리는 것은 실례입니다.

・政治家は選挙の時以外は生活の苦しい人のことに見向きもしない。
정치인은 선거 때 외에는 생활이 어려운 사람을 거들떠보지도 않는다.

- 「食べもしない」와 유사한 관용 표현 중에 「口をつけもしない (음식에) 입을 대지도 않는다」, 「箸を取ろうともしない 젓가락을 쥐려고 하지도 않는다」가 있다.

・子供は、朝ご飯を作っても時間がないからとご飯に口をつけもしないで家を出た。
아이는 아침밥을 만들어도 시간이 없다고 밥에 입을 대지도 않고 집을 나갔다.

・子供は、朝ご飯を作っても時間がないからと箸を取ろうともしないで家を出た。
아이는 아침밥을 만들어도 시간이 없다고 젓가락을 쥐려고 하지도 않고 집을 나갔다.

ものだ

~하곤 했다 [회상]

과거에 자주 했던 일을 회상할 때 쓰는 표현이다.

동사　た형(-た・だ) **+ ものだ**

- 小学生の頃はよくこの公園で遊んだものです。
  초등학생 시절에는 자주 이 공원에서 놀곤 했습니다.

- 以前は夜遅くまで寝ないで朝起きられず、よく遅刻したものだ。
  예전에는 밤늦게까지 안 자고 아침에 못 일어나서 자주 지각하곤 했다.

- 昔は老人が立っていると若い人が席を譲ってくれたものだ。
  옛날에는 노인이 서 있으면 젊은 사람이 자리를 양보해 주곤 했다.

- 学生の頃は寂しくなるとこの曲を聴いたものだ。
  학창 시절에는 외로워지면 이 곡을 듣곤 했다.

- 子供の頃、学校で運動会があると家族みんなで応援したものです。
  어렸을 때 학교에서 운동회가 있으면 가족 모두가 응원하곤 했습니다.

> 함께 알아 두기

「〜ものだ」는 그 밖에도 감탄, 충고의 의미가 있다.

- 감탄 (~하군요, ~하네요)

・若いのにずいぶん苦労したものですね。
젊은데 꽤 고생을 했군요.

・皆で歌を歌うのはこんなに楽しいものなんですね。
다 같이 노래를 부르는 것은 이렇게 즐거운 것이군요.

・山田さんのおばあさんは今年90歳なのに元気なものです。
야마다 씨 할머니는 올해 90세이신데 정정하시네요.

・田舎では夜9時を過ぎると静かなものですね。
시골에서는 밤 9시를 지나면 조용하네요.

- 충고 (~해야 한다, ~하는 것이 좋다)

・悲しかったり、くやしかったりした時は我慢しないで泣くものだ。
슬프거나 억울하거나 했을 때는 참지 말고 우는 것이 좋다.

・車は道路に止めるんじゃなくて駐車場に止めるものでしょう。
차는 도로에 세우는 것이 아니라 주차장에 세워야죠.

・結婚式には新婦よりも華やかな服は着ないものです。
결혼식에는 신부보다도 화려한 옷은 입지 않는 게 좋아요.

・運転の初心者は雨が降る夜には車を運転しないものだ。
운전 초보자는 비가 내리는 밤에는 차를 운전하지 않는 것이 좋다.

ものなら

(만약에) ~라면, (만약에) ~할 수 있다면

어떤 상황을 가정해서 '만약 ~라면 ~할 수 있다, ~하고 싶다'라는 의미를 나타내는 표현이다.

| 동사 | 기본형 / 가능형 + ものなら |

- 彼が今どこにいるか知っているものなら教えてあげたい。
  그가 지금 어디에 있는지 알고 있다면 가르쳐 주고 싶다.

- 病気が治るものならどんなことでもしますから助けてください。
  병이 낫는다면 어떤 것이라도 할 테니 살려 주세요.

- 合格できるものなら一日3時間しか寝ないで勉強してもいい。
  합격할 수만 있다면 하루에 세 시간밖에 안 자고 공부해도 괜찮다.

- 旅行に行けるものなら行きたいけど、今は忙しくて無理かもしれない。
  여행을 갈 수 있다면 가고 싶지만 지금은 바빠서 무리일지도 몰라.

- 私に勝てるものならやってみなさい。いつでも待っています。
  나를 이길 수 있다면 해 봐요. 언제든지 기다리고 있을게요.

- このドレス、着られるものならすぐにでも買いたいけどサイズが全く合わない。
  이 드레스 입을 수만 있다면 당장이라도 사고 싶지만 사이즈가 전혀 안 맞는다.

함께 알아 두기

～ようものなら

'만일 그러한 일이 생기면'이라는 의미로, 뒤에는 '큰일이 벌어진다'는 내용이 이어지는 것이 일반적이다. 「동사 의지형 + ものなら」의 형태로 쓰지만 '의지'를 나타내는 것은 아니고, 다소 과장된 '가정'을 나타내는 표현이다.
시제는 미래(가정)이기 때문에 뒤에는 「～になる ~게 된다」, 「～くなる ~게 된다」, 「～かもしれない ~지도 모른다」, 「～だろう ~것이다」 등이 오는 경우가 많으며 과거형은 쓰지 않는다.

- もし約束を破ろうものなら二度と会ってくれなくなる。
  만약 약속을 어기기라도 하면 두 번 다시 만나 주지 않게 된다.

- 宿題を忘れようものなら先生のお説教を1時間も聞かされる。
  숙제를 잊어버리기라도 하면 선생님의 설교(훈계)를 한 시간이나 듣게 된다.

- 権力を批判しようものならすぐに大きな圧力がかかる。
  권력을 비판하기라도 하면 곧바로 큰 압력이 가해진다.

- 厳しい学校だから規則に違反しようものなら退学になる。
  엄격한 학교이기 때문에 규칙에 위반이라도 하면 퇴학당한다.

- 間違ってキーを押そうものならデータが消えることもある。
  잘못 키를 눌렀다가는 데이터가 사라질 수도 있다.

- 冬、酔って道端に寝てしまおうものなら凍死しかねない。
  겨울에 술에 취해 길바닥에 누워 버렸다가는 얼어 죽을 수도 있다.

- 授業中にケータイを見ようものなら先生に取り上げられる。
  수업 중에 휴대폰을 보기라도 하면 선생님에게 빼앗긴다.

ものの

~이기는 하지만, ~하기는 했지만

과거나 현재의 상황을 서술하고 '그렇지만~' 하고 다음 말을 연결할 때 사용한다.

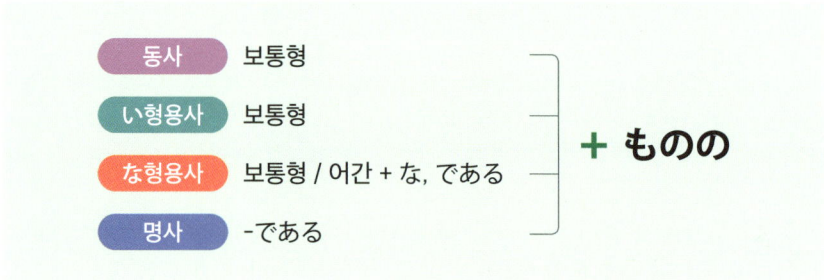

- 食事には気を使っているものの健康にはあまり自信がない。
  식사에는 신경을 쓰고 있지만 건강에는 별로 자신이 없다.

- 説明は詳しいものの要点がはっきりしなくてよく分からない。
  설명은 상세하기는 하지만 요점이 뚜렷하지 않아서 잘 모르겠다.

- 初めは順調だったものの途中で計画を修正することになった。
  처음에는 순조로웠지만 도중에 계획을 수정하게 됐다.

- この論文はテーマは明らかなもののそこに至る論理が少し弱い。
  이 논문은 주제는 분명하지만 거기에 이르는 논리가 좀 약하다.

- その仕事は未経験であったもののまじめに見えたので採用された。
  그 일은 미경험이었지만 성실해 보여서 채용되었다.

- 少ない金額であるものの毎月貯金を続けています。
  적은 금액이긴 하지만 매달 저금을 계속하고 있습니다.

> 함께 알아 두기

～とはいうものの

- 앞에 서술한 내용과 다른 결과가 나올 때, 예상과는 다른 상황이 이어질 때 쓰는 표현이다.

- あの選手は調子が**悪いとはいうものの**チャンスでは結果を出す。
  저 선수는 컨디션이 좋지 않다고 하지만 기회가 오면 (좋은) 결과를 낸다.

- 旬の魚は新鮮で**うまいとはいうものの**高くて手が出ない。
  제철 생선은 신선하고 맛있다고는 하지만 비싸서 손을 댈 수가 없다.

- 都会に**暮らしているとはいうものの**静かで田舎にいるようです。
  도시에서 산다고는 하지만 조용해서 시골에 있는 것 같습니다.

- 暦の上では**春とはいうものの**朝晩はまだ寒い。
  달력상으로는 봄이라고 하지만 아침저녁은 아직도 춥다.

- 「とはいうものの」가 맨 앞에 와서 접속사처럼 쓰는 경우도 있다. 또, 회화에서는 일반적으로「とはいっても」를 쓴다.

- A 彼もずいぶん反省しているようです。
  그도 꽤 반성하고 있는 것 같아요.
  B **とはいうものの**、行動で示すまでは分かりません。
  그렇기는 하지만 행동으로 보여주기 전에는 모르겠어요.

- A 富士山は高いから登るのは大変ですね。
  후지산은 높아서 등산하기는 힘드네요.
  B **とはいっても**五合目までは車で行けるから登山客が多いです。
  그렇기는 하지만, 5부 능선까지는 차로 갈 수 있어서 등산객이 많아요.

ようとしている

~하려고 하고 있다, ~하려는 참이다

동작이나 변화가 시작되거나 끝나기 바로 직전을 나타내는 표현이다.

동사 의지형 **+ としている**

- 今、ちょうど先生が挨拶を<u>しようとしている</u>ところです。
  지금 막 선생님이 인사를 하려고 하는 참입니다.

- 向こうから自転車で友達が<u>来ようとしている</u>のが見える。
  건너편에서 자전거를 타고 친구가 오려고 하는 것이 보인다.

- <u>出発しようとしている</u>のに急用を頼まれて困った。
  출발하려고 하는데 급한 일을 부탁받아서 난처했다.

- これからご飯を<u>食べようとしている</u>のに急に電気が消えた。
  이제 막 밥을 먹으려고 하고 있는데 갑자기 불이 꺼졌다.

- スピーチが終わって<u>帰ろうとしている</u>と質問する人が手を挙げた。
  스피치가 끝나고 돌아가려고 하는데 질문하는 사람이 손을 들었다.

- ベッドに寝ているおばあさんが何か<u>話そうとしています</u>。
  침대에 누워 있는 할머니가 뭔가 말하려고 하고 있습니다.

함께 알아 두기

의지 동사를 사용하지만 사람의 동작 이외의 변화에 대해서도 말할 수 있다.

- 3年間準備してきた大会が今始まろうとしている。
  3년 동안 준비해 온 대회가 지금 시작되려고 한다.

- 映画館に着いた時はもう映画が終わろうとしていた。
  영화관에 도착했을 때는 이미 영화가 끝나려고 하고 있었다.

- 傘を持ってこなかったが雨はようやく止もうとしていた。
  우산을 가지고 오지 않았지만 비는 점차 그치려고 하고 있었다.

- 安定していた社会にも少しずつ変化が起きようとしています。
  안정되어 있던 사회에도 조금씩 변화가 일어나려고 하고 있습니다.

- リモコンがうまく使えないのは電池がなくなろうとしているからです。
  리모컨을 잘 쓸 수 없는 것은 배터리가 없어지려고(다 닳으려고) 하기 때문입니다.

- 雨がたくさん降って川の水が今にもあふれようとしている。
  비가 많이 와서 강물이 금방이라도 넘치려고 하고 있다.

- 山の頂上に着くとちょうど朝日が昇ろうとしていた。
  산 정상에 도착하니 마침 아침 해가 뜨려고 하고 있었다.

- 人口増加率は今年も最低を更新しようとしている。
  인구 증가율은 올해도 최저치를 갱신하려고 하고 있다.

をとわず
~을 불문하고

'앞의 내용이 어떻든, 또는 어느 쪽이든 뒤에 오는 일이 성립된다'는 의미로, 문장체 표현이다.

명사 + を問(と)わず

- 今回(こんかい)の事故(じこ)ではけがの程度(ていど)を問(と)わず同(おな)じ金額(きんがく)の保険金(ほけんきん)が払(はら)われる。
  이번 사고에서는 부상의 정도를 불문하고 같은 금액의 보험금이 지불된다.

- 北海道(ほっかいどう)から沖縄(おきなわ)まで地域(ちいき)を問(と)わず翌日(よくじつ)に配達(はいたつ)します。
  홋카이도에서 오키나와까지 지역을 불문하고 다음 날에 배달됩니다.

- 季節(きせつ)を問(と)わずいつでも使(つか)える挨拶言葉(あいさつことば)を考(かんが)えてみた。
  계절에 상관없이 언제든지 쓸 수 있는 인사말을 생각해 보았다.

- この服(ふく)は時期(じき)や場所(ばしょ)、目的(もくてき)を問(と)わず誰(だれ)でも着(き)られるのがポイントだ。
  이 옷은 시기나 장소, 목적을 불문하고 누구나 입을 수 있는 것이 포인트이다.

- 様々(さまざま)な会社(かいしゃ)が入(はい)っているこのビルは昼夜(ちゅうや)を問(と)わず人(ひと)の出入(でい)りが多(おお)い。
  다양한 회사가 입주해 있는 이 빌딩은 주야를 불문하고(밤낮없이) 사람들의 출입이 많다.

- このサークルは年齢(ねんれい)、性別(せいべつ)を問(と)わず誰(だれ)でも参加(さんか)できます。
  이 동아리는 연령, 성별을 불문하고 누구나 참가할 수 있습니다.

> **함께 알아 두기**

〜に関わらず VS 〜に関係なく

유사 표현으로 「〜に関わらず ~에 관계(상관)없이」와 「〜に関係なく ~에 관계없이」가 있다. 「〜に関わらず」는 명사 외에도 동사, 형용사에도 접속할 수 있으며 '긍정-부정'의 조합이나 「〜かどうかに関わらず」의 형태로 쓰는 경우가 많다. 회화에서는 「〜に関係なく」를 많이 쓴다.

- この頃、宅配は家の人がいるいないに関わらずドアの前に品物を置いていく。
  요즘 택배는 집에 사람이 있고 없고에 상관없이 문 앞에 물건을 두고 간다.

- この店では客が買う買わないに関わらず親切に説明してくれる。
  이 가게에서는 손님이 사고 안 사고에 상관없이 친절하게 설명해 준다.

- 雨が降るかどうかに関わらず傘は持って行った方がいいですよ。
  비가 올지 어떨지에 상관없이 우산은 가지고 가는 것이 좋을 거예요.

- 値段の高い安いに関わらず品質のいいものが選ばれる。
  가격이 비싸고 싸고에 상관없이 품질이 좋은 것이 선택받는다.

- このゲームは年齢に関係なく楽しめる。
  이 게임은 나이에 관계없이 즐길 수 있다.

- 経験が長い短いに関係なく給料はみんな同じだ。
  경험이 길고 짧고에 관계없이 급여는 모두 똑같다.

- 会社から近いか遠いかに関係なく自転車で来る人が多い。
  회사에서 가까운지 먼지에 관계없이 자전거로 오는 사람이 많다.

- 「そばバイキング」は何杯食べたかに関係なく30分間で料金は3,000円です。
  '국수 뷔페(무한 리필)'는 몇 그릇 먹었는지에 관계없이 30분에 요금은 3,000엔입니다.

をはじめ(として)

~을 비롯(해서)

대표적인 것을 예로 들고 그와 같은 범주에 드는 것을 폭넓게 아우를 때 사용하는 표현이다.

명사 + **をはじめ(として)**

- 記念式には大統領をはじめ多くの政治家や経済人が参加した。
  기념식에는 대통령을 비롯해 많은 정치인과 경제인이 참석했다.

- 弁当には子供たちが大好きな卵焼きをはじめソーセージやツナも入れた。
  도시락에는 아이들이 매우 좋아하는 계란 말이를 비롯해 소시지와 참치도 담았다.

- 明日のテストは苦手な英語をはじめ数学、歴史など難しい科目ばかりだ。
  내일 시험은 서투른 영어를 비롯해 수학, 역사 등 어려운 과목뿐이다.

- 日本には富士山をはじめ3,000メートル以上の山がたくさんあります。
  일본에는 후지산을 비롯해 3,000미터 이상의 산이 많이 있습니다.

- 今年も台風をはじめ火山や地震の活動で大きな被害を受けました。
  올해도 태풍을 비롯해 화산과 지진 활동으로 큰 피해를 입었습니다.

- 5月には子供の日をはじめ祝日が多いので親は子供の世話が大変です。
  5월에는 어린이 날을 비롯해 공휴일이 많아서 부모는 아이를 돌보느라 힘듭니다.

> **함께 알아 두기**

먼저 대표적인 예를 들고, 뒤에 동일한 범주나 카테고리의 예를 제시해야 하는데, 가끔 부적절하고 어색하게 쓰는 경우가 있다. 예문을 통해 살펴보자.

✗ うどんをはじめいろいろな食べ物が好きです。
　이유: (우동은 음식 전체를 대표할 수 없으므로)

→ うどんをはじめいろいろな麺類が好きです。
　우동을 비롯해 여러 가지 면 종류를 좋아합니다.

✗ 日曜の午後はショッピングをはじめ買い物をします。
　이유:「ショッピング」와「買い物」는 같은 말이므로

→ 日曜の午後はショッピングをはじめ掃除や運動などをする。
　일요일 오후에는 쇼핑을 비롯해 청소나 운동 등을 한다.

✗ 5月には5日をはじめ休みの日が多い。
　이유: 5일이라는 숫자만으로는 대표성을 부여할 수 없으므로

→ 5月には「子供の日」をはじめ休みの日が多い。
　5월에는 '어린이 날'을 비롯해 공휴일이 많다.

✗ 家の家具はテレビをはじめ冷蔵庫、洗濯機などたくさんある。
　이유: TV, 냉장고, 세탁기 등은 가구가 아니므로

→ 家の家具はたんすをはじめソファ、ベッドなどたくさんある。
　집의 가구는 옷장을 비롯해 소파, 침대 등 많이 있다.

→ 家の電気製品はテレビをはじめ冷蔵庫、洗濯機などたくさんある。
　집의 전자 제품은 TV를 비롯해 냉장고, 세탁기 등 많이 있다.

099

をめぐって
~을 둘러싸고, ~에 관해서

어떤 일에 대해 서로 대립하거나 논쟁이 일고 있을 때 사용하는 표현이다. 「めぐる」가 '돌다'라는 뜻이기 때문에 '논의 내용이 빙빙 돈다, 복잡하다'는 뉘앙스를 가지고 있다. 좀 더 단순한 문제일 경우에는 「〜に関して ~에 관해서」,「〜に対して ~에 대해서」 등의 표현을 쓴다.

> 명사 + をめぐって

- 親の財産をめぐって子供たちがお互いに争っている。
  부모의 재산을 둘러싸고 자식들이 서로 다투고 있다.

- 新しい鉄道路線の開発をめぐって周辺地域の対立が目立つ。
  새로운 철도 노선의 개발을 둘러싸고 주변 지역의 대립이 눈에 띈다.

- 入学試験の不正問題をめぐって毎日ニュースが出ている。
  입학시험의 부정 문제를 둘러싸고 매일 뉴스가 나오고 있다.

- 有名な歌手と俳優が結婚をめぐる噂について記者会見で否定した。
  유명한 가수와 배우가 결혼을 둘러싼 소문에 대하여 기자 회견에서 부정했다.

- 警察は交通事故の処理をめぐる問題に関して謝罪文を発表した。
  경찰은 교통사고 처리를 둘러싼 문제에 관하여 사죄문을 발표했다.

- 会社は次期社長の決定をめぐり、トラブルがあった事実を認めた。
  회사는 차기 사장의 결정을 둘러싸고 트러블이 있었던 사실을 인정했다.

함께 알아 두기

～に関[かん]して VS ～に対[たい]して

「～に関[かん]して ~에 관해서」는 '~와 관련된 것'이라는 뜻이므로 광범위한 내용이 오는 경우가 많고, 「～に対[たい]して ~에 대해서」는 보다 대상을 좁혀서 말하는 경우가 많다.

- 会議[かいぎ]では来年[らいねん]の事業計画[じぎょうけいかく]に関[かん]して話[はな]し合[あ]った。
  회의에서는 내년의 사업 계획에 관하여 논의했다.

- 今回[こんかい]は休日[きゅうじつ]の過[す]ごし方[かた]に関[かん]する調査[ちょうさ]を行[おこな]った。
  이번에는 휴일을 보내는 방법에 관한 조사를 실시했다.

- 最近[さいきん]の交通事故[こうつうじこ]の増加[ぞうか]に関[かん]し、報告書[ほうこくしょ]が作[つく]られた。
  최근의 교통사고 증가에 관하여 보고서가 만들어졌다.

- 先生[せんせい]は男子学生[だんしがくせい]に対[たい]しては厳[きび]しいが女子学生[じょしがくせい]に対[たい]しては態度[たいど]が違[ちが]う。
  선생님은 남학생에 대해서는 엄격하지만 여학생에 대해서는 태도가 다르다.

- 田中[たなか]さんは山田[やまだ]さんの意見[いけん]に対[たい]して反対[はんたい]する意見[いけん]を述[の]べた。
  다나카 씨는 야마다 씨의 의견에 대해 반대하는 의견을 말했다.

- この問題[もんだい]に対[たい]する質問[しつもん]は次[つぎ]の時間[じかん]にしてください。
  이 문제에 대한 질문은 다음 시간에 해 주세요.

んだって

~한대, ~래 [전문]

허물없는 사이에서 남에게 들은 이야기를 전할 때 쓰는 표현이다. 「〜のだそうだ」의 회화체 표현이다. 좀 더 정중하게 말하려면 「〜んですって ~래요」를 쓴다.

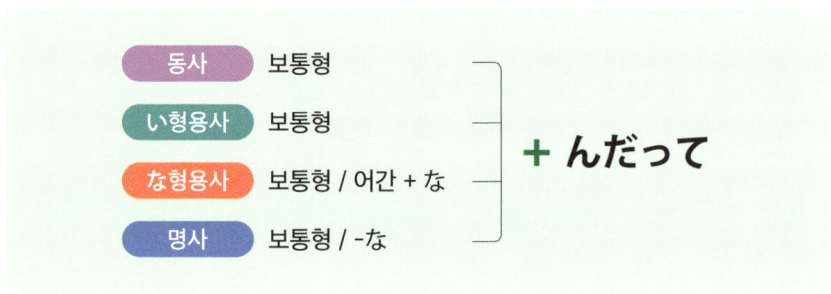

- 木村さんの家ではイヌとネコを飼っているんだって。
  기무라 씨 집에서는 강아지와 고양이를 키우고 있대.

- 今日は一日中寒いんだって。
  오늘은 하루 종일 춥대.

- たたみの上に1時間も座っているのは辛かったんだって。
  다다미 위에 한 시간이나 앉아 있는 것은 고통스러웠대.

- 石川さん、最近、成績が良くて好調なんですって。
  이시카와 씨 최근에 성적이 좋아서 쾌조의 컨디션이래요.

- この辺りは果物の栽培が盛んなんだって。
  이 일대는 과일 재배가 활발하대.

- 部長は課長の大学時代の先輩なんだって。
  부장님은 과장님의 대학 시절 선배래.

함께 알아 두기

문장 끝음을 올려서 발음하면, '~라던데 정말인가요?' 하고 확인하는 뉘앙스가 된다.

- A なかなか家族に会えないから毎日電話を**するんですって**？
  좀처럼 가족을 만나지 못하니까 매일 전화를 하신다면서요?
  B ええ。だからお金がかかって困っています。
  네. 그래서 돈이 많이 들어서 큰일 났어요.

- A 新宿は**にぎやかだったんだって**？
  신주쿠는 번화했다면서? (시끌벅적했다면서?)
  B 昼も夜も人が多くてびっくりしたよ。
  낮에도 밤에도 사람이 많아서 깜짝 놀랐어.

- A 今度の作品は**傑作なんだって**？
  이번 작품은 걸작이라며?
  B あの作品はきっと有名になると思う。
  그 작품은 틀림없이 유명해질 거야.

- A この魚、**珍しいんだって**？
  이 물고기, 보기 드문 것이라면서?
  B うん。日本の川にはほとんどいないって。
  응. 일본의 강에는 거의 없대.

확인 문제   JLPT 문법_ 문법형식 판단 유형

다음 문장의 (   )에 넣기에 가장 적당한 것을 1·2·3·4에서 하나 고르세요.

1 佐藤先生の(   )きっと夏休みの宿題を山のように出すよ。

　　1　ものだけに　2　ことなら　3　ものだって　4　ことだから

2 子供の頃は怖い映画を見ると、夜眠れなくなった(   )。

　　1　ものです　2　ことです　3　はずです　4　ころです

3 A　部長の息子さん、有名大学に合格したみたい。
　　B　それでこのごろ機嫌が(   )。

　　1　いいんですね　　　　2　いいそうですね
　　3　いいからですね　　　4　いいことですね

4 厳しい受験競争を(   )者が成功した時代は終わった。

　　1　勝ちとった　2　勝ちきった　3　勝ちぬいた　4　勝ちだした

5 この部屋は温度が快適な(   )明るさもちょうどいいです。

　　1　どころか　2　ばかりか　3　だけでも　4　ことほど

어휘

機嫌 기분, 심기　　機嫌がいい 기분이 좋다　　受験 수험, 입시　　競争 경쟁　　快適だ 쾌적하다
ちょうどいい 딱 좋다(알맞다)

6 この作品にファンが多いのは年齢を(　　)誰でも共感できるからだ。

1　わけず　　2　しらず　　3　とわず　　4　きかず

7 飛行機ではパソコンは(　　)ケータイも使えない時があった。

1　はじめとして　　　　2　そうでも
3　もとより　　　　　　4　なにより

8 犬はもうお腹がいっぱいなのか、餌をあげても(　　)。

1　見ることもない　　　2　見たりはしない
3　見てはいけない　　　4　見もしない

9 ボランティア活動はゴミの片づけを(　　)様々な仕事がある。

1　たとえ　　2　はじめ　　3　おもに　　4　のぞいて

10 赤ちゃんを寝かせ(　　)自分が寝てしまった。

1　ようとしていて　　　2　たかったから
3　たくなくて　　　　　4　るのはもちろん

年齢 연령, 나이　共感 공감　餌 먹이, 사료　ボランティア 자원봉사(자)　片づけ 정리, 정돈
寝かせる 재우다

확인 문제　JLPT 문법_ 문장 만들기 유형

다음 문장의 ＿★＿에 들어가기에 가장 적당한 것을 1·2·3·4에서 하나 고르세요.

1　値段が安いか ＿＿＿ ＿＿＿ ★ ＿＿＿ 必要ないものを買うこ とはありません。
　　1　高い　　　2　おいて　　3　かは　　　4　さて

2　市民会館で ＿＿＿ ＿＿＿ ★ ＿＿＿ 演劇を上演した。
　　1　作られた　2　日記に　　3　子供の　　4　基づいて

3　2つの契約書は ＿＿＿ ＿＿＿ ★ ＿＿＿ としても内容は違う。
　　1　上で　　　2　の　　　　3　似ている　4　形式

4　春の ＿＿＿ ＿＿＿ ★ ＿＿＿ 咲いています。
　　1　桜が　　　2　穏やかな　3　もとで　　4　日差しの

5　海外旅行に行く ＿＿＿ ＿＿＿ ★ ＿＿＿ したのに怪我で行け なくなった。
　　1　までして　2　ために　　3　準備　　　4　貯金

어휘

演劇 연극　　上演 상연　　契約書 계약서　　似ている 닮다, 비슷하다　　形式 형식
日差し 햇살, 햇볕　　怪我 상처, 부상

정답·해석 239p

[6] 国会でも＿＿＿＿ ＿＿＿＿ ★ ＿＿＿＿ いろいろな意見がある。

1 を　　　2 延長（えんちょう）　　　3 定年（ていねん）の　　　4 めぐる

[7] 雨の夜に運転する時、前が＿＿＿＿ ＿＿＿＿ ★ ＿＿＿＿ スピードを出すのは危険だ。

1 見えない　　　2 のも　　　3 よく　　　4 かまわず

[8] A アルバイトを＿＿＿＿ ＿＿＿＿ ★ ＿＿＿＿ ？ 大変でしょ。
B いろいろ経験できるし、日本語の勉強にもなりますよ。

1 してる　　　2 んだって　　　3 も　　　4 3つ

[9] 病気の子供に＿＿＿＿ ＿＿＿＿ ★ ＿＿＿＿ と親は思う。

1 やりたい　　　2 ものなら　　　3 代わって　　　4 代われる

[10] 地理や＿＿＿＿ ＿＿＿＿ ★ ＿＿＿＿ 他の科目はだめです。

1 もの　　　2 歴史は　　　3 得意な　　　4 の

延長（えんちょう） 연장　　スピードを出（だ）す 속도를 내다　　科目（かもく） 과목　　歴史（れきし） 역사

확인 문제 / 정답 및 해석

001 ~ 020

JLPT 문법_ 문법형식 판단 유형 52p

1. **3** 일본어 발음은 간단한 한편 한자 읽기는 복잡하다.
2. **4** 이 건은 사내에서 충분히 검토한 후에 답변드리겠습니다.
3. **1** 오랫동안 설득한 보람이 있어 주민의 75% 이상의 찬성을 얻었다.
4. **2** 그는 면접을 보고 한 달을 기다린 끝에 결국 떨어지고 말았다.
5. **2** 모델로 활동하는 사람은 걸음걸이부터 다르네요.
6. **4** 더위 때문에 1,000명 이상의 사람이 죽었다니 믿기 어렵다.
7. **3** 상대가 상대인 만큼 실수를 쉽게 인정하지 않을 것이다.
8. **1** 아무리 거짓말을 해도 진실은 끝까지 숨길 수 없다.
9. **2** 아이가 울고 있는 것을 보다 못해 달래 주었다.
10. **1** 요즘 일 때문에 무리를 계속해서 조금 피곤합니다.

JLPT 문법_ 문장 만들기 유형 54p

1. **1** 4-2-1-3
   이사했을 때, 이웃 사람에게 인사를 돌았다. (인사하러 다녔다.)
2. **2** 3-4-2-1
   그는 정직한 나머지 다른 사람의 잘못도 눈감아 주지 못한다. (간과하지 못한다.)
3. **3** 2-4-3-1
   내가 금요일에 만나자고 말한 이상 무슨 일이 있어도 약속은 지킬 것이다.
4. **3** 4-1-3-2
   드라마는 마치 실화인 것처럼 인간의 욕망을 그린다.
5. **4** 1-3-4-2
   비가 많이 오지 않는 한 운동회는 개최할 예정입니다.
6. **2** 3-1-2-4
   텔레비전을 보고 있다고 생각했는데 어느새 사라졌다.
7. **4** 3-2-4-1
   아이는 놀러 갔다 오겠다며 외출한 채, 돌아오지 않았습니다.
8. **1** 4-3-1-2
   이 모임의 회원이 되는 이상에는 적극적으로 활동에 참여하고 싶다.

9 1 2-4-1-3
   그 인형은 마치 웃고 있는 것처럼 온화한 표정을 짓고 있었다.
10 1 3-2-1-4
   그는 나이가 같은 주제에 언제나 선배 같은 태도를 취한다. (선배같이 군다.)

021~040

JLPT 문법_ 문법형식 판단 유형 96p

1 3 언제까지나 오지 않는 택시를 기다릴 바에야 좀 더 일찍 돌아갈 걸.
2 4 바다도 잔잔하기도 하고 수영하기에는 최고네요.
3 1 상품이 들어오는 대로 바로 연락드리겠습니다.
4 2 몇 번이나 다시 쓴 끝에 보낸 원고가 잡지에 실렸다.
5 4 그 사람은 차에 관한 이야기만 나오면 눈빛을 바꾸고 말하기 시작합니다.
6 2 멋진 경치였기 때문에 사진을 찍지 않을 수 없었다.
7 3 비 오는 밤, 와인을 마시면서 음악을 듣는 것은 최고의 시간이다.
8 4 깨끗하지만 더러움이 눈에 띄기 때문에 흰옷은 그만두는 것이 좋아.
9 1 할머니는 입원한 이후로 살이 많이 빠진 것 같습니다.
10 3 좋은 점수를 받기 위해서는 매일 복습하는 것이 좋습니다.

JLPT 문법_ 문장 만들기 유형 98p

1 1 3-2-1-4
   노인은 고통스럽게 호흡하면서 벤치에 앉았다.
2 3 4-2-3-1
   담당자가 바뀌어서 5년 전의 일은 알 수 없다.
3 2 1-4-2-3
   비 오는 것을 눈치 못 채서 애써 마른 옷을 젖게 만들어 버렸습니다.
4 4 3-2-4-1
   여기라면 누구에게도 들킬 리 없으니까 비밀의 상자를 열어 보자.
5 3 4-1-3-2
   이 사실은 리더에게 전해야 다른 사람에게도 전해진다.

| 6 | **4** | 3-1-4-2

우리 개는 추위에 강한 만큼 눈 속에서도 태연하게 놀고 있다.

| 7 | **4** | 2-1-4-3

버스가 오지 않으면 걷지 않을 수 없지만 조금만 더 기다려 보자.

| 8 | **1** | 2-4-1-3

콘서트가 끝난 후 박수 크기에 따라 다시 한번 노래를 들을 수 있는 경우도 있다.

| 9 | **1** | 4-2-1-3

창문을 연 채로 외출했더니 밖에서 벌레가 들어왔다.

| 10 | **2** | 3-1-2-4

어제 교통사고가 줄어들고 있다는 뉴스를 들었다.

041~060

JLPT 문법_ 문법형식 판단 유형　　　140p

| 1 | **3** | 매일 아침 이렇게 이르면 견디기 힘들어. 시간을 바꿨으면 좋겠어.
| 2 | **2** | 수명이 단축됐어. 이제 다시는 부모를 걱정시키지 않았으면 좋겠다.
| 3 | **3** | 올해 말까지 비어 있지 않다면 내년 이후로 변경할 수밖에 없다.
| 4 | **1** | '치킨'이라고 하면 닭고기 외에 '겁쟁이'의 의미도 있다.
| 5 | **2** | 지금 시간은 손님이 오지 않는 한 접수처에는 아무도 없습니다.
| 6 | **3** | 하마터면 반대 방향의 전철을 탈 뻔했는데 역무원이 가르쳐 주었다.
| 7 | **4** | 이 가게는 예약하지 않으면 들어갈 수 없대요. 희한한 카페네요.
| 8 | **2** | 어제는 갑자기 비가 많이 내려서 꽃구경을 할 형편이 아니었다.
| 9 | **1** | 아버지는 건강하다고는 하지만 밖에 별로 나가지 못하게 되었다.
| 10 | **4** | 오늘은 실무 회의라서 누가 와도 상관없습니다.

JLPT 문법_ 문장 만들기 유형　　　142p

| 1 | **2** | 1-3-2-4

저 사람의 발상은 독특하다고 할까 창조성이 있는 것이 매력이다.

| 2 | **4** | 3-1-4-2

그 사람은 한숨을 쉬고는 술을 따라 마시고, 또 한숨을 쉬고 있다.

| 3 | 1 | 3-2-1-4

일찌감치 쉬고 피로를 풀기는커녕 소파에서 자서 감기에 걸렸다.

| 4 | 3 | 4-2-3-1

그 사람에게 고개를 숙여서라도 계획에 협조를 부탁할 수밖에 없다.

| 5 | 2 | 4-3-2-1

병원에서 몇 시간이나 기다리면서까지 진찰을 받는 것은 싫다.

| 6 | 3 | 1-4-3-2

SNS란 라인이나 X 같은 인터넷 커뮤니티 사이트입니다.

| 7 | 1 | 2-4-1-3

和(와)는 '온화'라는 의미인데, 和食(와쇼쿠)란 일본 요리를 말한다.

| 8 | 4 | 2-1-4-3

굉장히 좋아하는 케이크를 먹지 않는 걸 보니 진심으로 다이어트하는 것 같다.

| 9 | 3 | 4-1-3-2

시민 주자가 출발 신호와 함께 경기장을 출발했다.

| 10 | 1 | 2-4-1-3

감독은 오늘의 눈물은 잊고 내년에는 우승해서 웃어 보이자고 했다.

061~080

JLPT 문법_ 문법형식 판단 유형 184p

| 1 | 1 | 사람은 오래 사는 것보다 좋은 것은 없지만, 이왕이면 행복하게 살고 싶다.
| 2 | 2 | 심한 말을 듣고 잠자코 있으니 뭔가 말하지 않을 수 없었다.
| 3 | 1 | 결제함에 있어서는(결제할 때는) 카드든 현금이든 수수료가 붙습니다.
| 4 | 4 | 오늘은 휴일인데도 출근하게 돼서 하루 손해 본 기분이다.
| 5 | 2 | 회사의 방침은 경영자의 의향에 따라 결정되는 경우가 많다.
| 6 | 3 | 내년에는 유학생을 모집함에 있어서 입학금을 면제하기로 했다.
| 7 | 3 | 대학 교류회는 즐겁지 않은 것은 아니지만 시간이 너무 짧다.
| 8 | 1 | 나중에 보고하더라도 지금은 현장의 판단으로 대응할 수밖에 없다.
| 9 | 4 | 의사에게 일찍 퇴원할 수 없는지 상담했다.
| 10 | 2 | 이는 표면적인 분석에 불과하므로 좀 더 본질에 다가서는 고찰이 필요하다.

JLPT 문법_ 문장 만들기 유형 (186p)

1. **3** 4-2-3-1
   한가해서 친구에게 연락을 하면 (하필) 그런 날에는 꼭 모두 바쁘다.
2. **4** 1-3-4-2
   텔레비전에서 정치인의 역할에 관한 토론회를 하고 있었다.
3. **1** 3-2-1-4
   옷이 자신에게 맞는지 어떤지는 입어 보지 않고는 모를 거예요.
4. **4** 3-1-4-2
   단체 해외여행에 앞서 여권을 내야(제시해야) 합니다.
5. **1** 2-4-1-3
   옛날에는 신분에 따라 주거지나 직업이 정해져 있었다.
6. **1** 2-3-1-4
   교통 카드는 앞으로 대도시뿐만 아니라 지방에서도 이용이 가능해진다.
7. **3** 4-1-3-2
   방에 불이 켜져 있었는데도 불구하고 나가 버렸다.
8. **2** 3-4-2-1
   2차선이던 도로가 넓어짐에 따라 교통량이 대폭 증가할 전망이다.
9. **2** 1-3-2-4
   카페 안은 소란스럽다 해도 남의 눈을 신경 쓰지 않아도 된다.
10. **3** 2-1-3-4
    소비자의 요구에 부응하여 신상품을 출시했다.

081~100

JLPT 문법_ 문법형식 판단 유형 (230p)

1. **4** 사토 선생님이니까 분명 여름 방학 숙제를 산더미처럼 내줄 거야.
2. **1** 어렸을 때는 무서운 영화를 보면 밤에 잠을 못 자곤 했습니다.
3. **1** A 부장님 아드님, 유명 대학(명문대)에 합격한 것 같아.
   B 그래서 요즘 기분이 좋은 거군요.
4. **3** 치열한 수험(입시) 경쟁에서 이겨 낸 사람이 성공했던 시대는 끝났다.
5. **2** 이 방은 온도가 쾌적할 뿐만 아니라 밝기도 딱 좋습니다.

> 확인 문제   정답 및 해석

6 3 이 작품에 팬이 많은 것은 나이를 불문하고 누구나 공감할 수 있기 때문이다.
7 3 비행기에서는 컴퓨터는 물론 휴대폰도 사용할 수 없을 때가 있었다.
8 4 개는 벌써 배가 부른지 먹이를 줘도 거들떠보지도 않는다.
9 2 자원봉사 활동은 쓰레기 정리를 비롯해 다양한 일이 있다.
10 1 아기를 재우려고 하다가 자신이(내가) 잠들어 버렸다.

JLPT 문법_ 문장 만들기 유형   232p

1 4 1-3-4-2
   값이 싸고 비싸고는 제쳐 두고 필요 없는 물건을 사는 일은 없습니다.

2 4 3-2-4-1
   시민 회관에서 어린이의 일기를 바탕으로 만들어진 연극을 상연했다.

3 1 4-2-1-3
   두 계약서는 형식상 비슷하더라도 내용은 다르다.

4 3 2-4-3-1
   봄의 온화한 햇살 아래에서 벚꽃이 피어 있습니다.

5 1 2-4-1-3
   해외여행을 가기 위해 저금까지 해서 준비했는데 부상으로 못 가게 되었다.

6 1 3-2-1-4
   국회에서도 정년 연장을 둘러싼 여러 가지 의견이 있다.

7 2 3-1-2-4
   비 오는 밤에 운전할 때, 앞이 잘 안 보이는 것도 개의치 않고 속도를 내는 것은 위험하다.

8 1 4-3-1-2
   A 아르바이트를 세 개나 하고 있다면서? 힘들겠다.
   B 여러 가지 경험도 할 수 있고, 일본어 공부도 돼요.

9 3 4-2-3-1
   병든 아이를 대신할 수 있다면 대신해 주고 싶다고 부모는 생각한다.

10 1 2-3-1-4
   지리나 역사는 자신 있지만 다른 과목은 못합니다.

JLPT 일본어 문형 N2

초판 인쇄	2025년 3월 10일
초판 발행	2025년 3월 20일
저자	JLPT 연구모임
감수	최민경
편집	조은형, 김성은, 오은정, 무라야마 토시오
펴낸이	엄태상
디자인	이건화
조판	이서영
콘텐츠 제작	김선웅, 장형진
마케팅	이승욱, 왕성석, 노원준, 조성민, 이선민
경영기획	조성근, 최성훈, 김로은, 최수진, 오희연
물류	정종진, 윤덕현, 신승진, 구윤주
펴낸곳	시사일본어사(시사북스)
주소	서울시 종로구 자하문로 300 시사빌딩
주문 및 교재 문의	1588-1582
팩스	0502-989-9592
홈페이지	www.sisabooks.com
이메일	book_japanese@sisadream.com
등록일자	1977년 12월 24일
등록번호	제300-2014-31호

ISBN 978-89-402-9439-0 (13730)

* 이 책의 내용을 사전 허가 없이 전재하거나 복제할 경우 법적인 제재를 받게 됨을 알려 드립니다.
* 잘못된 책은 구입하신 서점에서 교환해 드립니다.
* 정가는 표지에 표시되어 있습니다.